William Shakespeare

Shakspeares dramatische Werke - Julius Cäsar - Was ihr wollt

William Shakespeare

Shakspeares dramatische Werke - Julius Cäsar - Was ihr wollt

ISBN/EAN: 9783743642393

Hergestellt in Europa, USA, Kanada, Australien, Japan

Cover: Foto ©ninafisch / pixelio.de

Weitere Bücher finden Sie auf **www.hansebooks.com**

Shakspeare's dramatische Werke,

übersetzt

von

August Wilhelm Schlegel.

Zweyter Theil.

Berlin,
bei Johann Friedrich Unger.
1797.

Personen:

Julius Cäsar.
Octavius Cäsar, ⎫
Marcus Antonius, ⎬ Triumvirn, nach dem Tode des Julius Cäsar.
M. Amilius Lepidus, ⎭

Cicero, ⎫
Publius, ⎬ Senatoren.
Popilius Lena, ⎭

Marcus Brutus, ⎫
Cassius, ⎪
Casca, ⎪
Trebonius, ⎬ Verschworne gegen Julius Cäsar.
Ligarius, ⎪
Decius Brutus, ⎪
Metellus Cimber, ⎪
Cinna, ⎭

Flavius, ⎫
Marullus, ⎬ Tribunen.

Artemidorus, ein Sophist von Knidos.
Ein Wahrsager.
Cinna, ein Poet.
Ein andrer Poet.

Lucilius, ⎫
Titinius, ⎪
Messala, ⎬ Freunde des Brutus und Cassius.
Der junge Cato, ⎪
Volumnius, ⎭

Varro,
Clitus,
Claudius,   } Diener des Brutus.
Strato,
Lucius,
Dardanius,
Pindarus, Diener des Cassius.
Calpurnia, Gemahlin des Cäsar.
Portia, Gemahlin des Brutus.
Senatoren, Bürger, Wache, Gefolge, u. s. w.

Die Szene ist einen großen Theil des Stücks hindurch zu Rom, nachher zu Sardes und bey Philippi.

———ooo———

Erster Aufzug.

Erste Szene.
Rom. Eine Straße.

Flavius, Marullus und ein Haufe von Bürgern.

Flavius.

Packt euch nach Haus, ihr Tagediebe! fort!
Ist dieß ein Feyertag? Was? wißt ihr nicht,
Daß ihr als Handwerksleut' an Werkeltagen
Nicht ohn' ein Zeichen der Handthierung dürft
Umhergehn? — Welch Gewerbe treibst du? sprich!

Erster Bürger.

Nun, Herr, ich bin ein Zimmermann.

Marullus.

Wo ist dein ledern Schurzfell und dein Maaß?
Was machst du hier in deinen Sonntagskleidern? —
Ihr, Freund, was treibt ihr?

Zweyter Bürger.
Die Wahrheit zu gestehn, Herr, gegen einen feinen Arbeiter gehalten, mache ich nur, so zu sagen, Flickwerk.

Marullus.
Doch welch Gewerb? Antworte grade zu.

Zweyter Bürger.
Ein Gewerbe, Herr, das ich mit gutem Gewissen treiben kann, wie ich hoffe. Es besteht darin, einen schlechten Wandel zu verbessern.

Marullus.
Welch ein Gewerb, du Schuft? welch ein Gewerb?

Zweyter Bürger.
Nein, ich bitte euch, Herr, laßt euch die Geduld nicht reißen. Wenn aber ja was reißt, so gebt euch nur in meine Hand.

Marullus.
Was meynst du damit? Mich in deine Hand geben, du naseweiser Bursch?

Zweyter Bürger.
Nun ja, Herr, damit ich euch flicken kann.

Flavius.
Du bist ein Schuhflicker, nicht wahr?

Zweyter Bürger.
Im Ernst, Herr, ich bin ein Wundarz für alte Schuhe: wenn's gefährlich mit ihnen steht, so mache ich sie wieder heil. So hübsche Leute, als je

mals auf Rindsleder getreten, sind auf meiner Hän-
de Werk einhergegangen.
Flavius.
Doch warum bist du in der Werkstatt nicht?
Was führst du diese Leute durch die Gassen?
Zwenter Bürger.
Meiner Treu, Herr, um ihre Schuhe abzunutzen,
damit ich wieder Arbeit kriege. Doch im Ernst,
Herr, wir machen Feyertag, um den Cäsar zu se-
hen, und uns über seinen Triumph zu freuen.
Marullus.
Warum euch freun? Was hat er wohl erobert?
Was für Besiegte führt er heim nach Rom,
Und fesselt sie zur Zier an seinen Wagen?
Ihr Blöck'! ihr Steine! schlimmer als gefühllos!
O harte Herzen! arge Männer Roms!
Habt ihr Pompejus nicht gekannt? Wie oft
Stiegt ihr hinan auf Mauern und auf Zinnen,
Auf Thürme, Fenster, ja auf Feueressen,
Die Kinder auf dem Arm, und saßet da
Den lieben langen Tag, geduldig wartend,
Bis durch die Straßen Roms Pompejus zöge?
Und saht ihr seinen Wagen nur von fern,
Erhobt ihr nicht ein allgemeines Jauchzen,
So daß die Tiber bebt' in ihrem Bett,
Wenn sie des Lärmes Wiederhall vernahm
An ihren hohlen Ufern?

Und legt ihr nun die Feyerkleider an?
Und spart ihr nun euch einen Festtag aus?
Und streut ihr nun ihm Blumen auf den Weg,
Der siegprangt über des Pompejus Blut?
Hinweg!
In eure Häuser lauft, fallt auf die Knie,
Und fleht die Götter an, die Noth zu wenden,
Die über diesen Undank kommen muß!

    Flavius.

Geht, geht, ihr guten Bürger! und versammelt
Für dieß Vergehen eure armen Brüder;
Führt sie zur Tiber, weinet eure Thränen
Ins Flußbett, bis ihr Strom, wo er am flachsten,
Die höchsten ihrer Uferhöhen küßt.

    Die Bürger ab.

Sieh, wie die Schlacken ihres Innern schmelzen!
Sie schwinden weg, verstummt in ihrer Schuld.
Geht ihr den Weg, hinab zum Capitol;
Hierhin will ich. Entkleidet dort die Bilder,
Seht ihr mit Ehrenzeichen sie geschmückt.

    Marullus.

Ist das erlaubt?
Ihr wißt, es ist das Lupercalien-Fest.

    Flavius.

Es thut nichts: laßt mit den Trophäen Cäsars
Kein Bild behängt seyn. Ich will nun umher,
Und will den Pöbel von den Gassen treiben.

Das thut auch ihr, wo ihr gedrängt sie seht.
Dieß wachsende Gefieder, ausgerupft
Der Schwinge Cäsars, wird den Flug ihm hemmen,
Der, über Menschenblicke hoch hinaus,
Uns alle sonst in knecht'scher Furcht erhielte.

Beyde ab.

Zweyte Szene.
Ein öffentlicher Platz.

In einem feyerlichen Aufzuge mit Musik kommen Cäsar; Antonius, zum Wettlauf gerüstet; Calpurnia, Portia, Decius, Cicero, Brutus, Cassius und Casca; hinter ihnen ein großes Gedränge, darunter ein Wahrsager.

Cäsar.
Calpurnia!
Casca.
Still da! Cäsar spricht.   *Die Musik hält inne.*
Cäsar.
Calpurnia!
Calpurnia.
Hier, mein Gemahl.

Cäsar.
Stellt dem Antonius grad' euch in den Weg,
Wenn er zur Wette läuft. — Antonius!

Antonius.
Erlauchter Cäsar?

Cäsar.
Vergeßt, Antonius, nicht in eurer Eil
Calpurnia zu berühren; denn es ist
Ein alter Glaube, unfruchtbare Weiber,
Berührt bey diesem heil'gen Wettelauf,
Entladen sich des Fluchs.

Antonius.
Ich werd' es merken.
Wenn Cäsar sagt: thu' das, so ist's vollbracht.

Cäsar.
Beginnt; laßt nichts von den Gebräuchen aus.

Musik.

Wahrsager.
Cäsar!

Cäsar.
He, wer ruft?

Casca.
Es schweige jeder Lärm: noch einmal still!

Die Musik hält inne.

Cäsar.
Wer ist es im Gedräng', der mich begehrt?

Durch die Musik dringt gellend eine Stimme,
Die: Cäsar! ruft. Sprich! Cäsar neigt sein Ohr.

Wahrsager.
Nimm vor des Märzen Jdus dich in Acht.

Cäsar.
Wer ist der Mann?

Brutus.
Ein Wahrsager; er warnt euch vor des Märzen Jdus.

Cäsar.
Führt ihn mir vor, laßt sein Gesicht mich sehn.

Casca.
Komm aus dem Haufen, Mensch; tritt vor den Cäsar.

Cäsar.
Was sagst du nun zu mir? Sprich noch einmal.

Wahrsager.
Nimm vor des Märzen Jdus dich in Acht.

Cäsar.
Er ist ein Träumer: laßt ihn gehn, und kommt.

Ein Marsch. Alle bis auf Brutus und Cassius gehen ab.

Cassius.
Wollt ihr den Hergang bey dem Wettlauf sehn?

Brutus.
Ich nicht.

Cassius.
Ich bitt' euch; thuts.

Brutus.
Ich hab' am Spiel nicht Lust, mir fehlt ein Theil
Vom muntern Geiste des Antonius:
Doch muß ich euch in eurem Wunsch nicht hindern.
Ich laß euch, Cassius.
Cassius.
Brutus, seit kurzem geb' ich Acht auf euch.
Ich find' in eurem Blick die Freundlichkeit,
Die Liebe nicht, an die ihr mich gewöhnt.
Zu störrisch und zu fremd begegnet ihr
Dem Freunde, der euch liebt.
Brutus.
Mein Cassius,
Betrügt euch nicht. Hab' ich den Blick verschleyert,
So kehrt die Unruh meiner Mienen sich
Nur gegen mich allein. Seit kurzem quälen
Mich Regungen von streitender Natur,
Gedanken, einzig für mich selbst geschickt,
Die Schatten wohl auf mein Betragen werfen.
Doch laßt dieß meine Freunde nicht betrüben,
(Wovon ihr einer seyn müßt, Cassius)
Noch mein achtloses Wesen anders deuten,
Als daß, mit sich im Krieg, der arme Brutus
Den Andern Liebe kund zu thun vergißt.
Cassius.
Dann, Brutus, misverstand ich euren Unmuth,
Deshalb begrub hier diese Brust Entwürfe

Von großem Werthe, würdige Gedanken.
Sagt, Brutus, könnt ihr euer Antliz sehn?
Brutus.
Nein, Cassius, denn das Auge sieht sich nicht,
Als nur im Widerschein, durch andre Dinge.
Cassius.
So ists;
Und man beklagt sich sehr darüber, Brutus,
Daß ihr nicht solche Spiegel habt, die euren
Verborgnen Werth euch in die Augen rückten,
Auf daß ihr euren Schatten säht. Ich hörte
Wie viele von den ersten Männern Roms,
(Nur Cäsarn nehm' ich aus) vom Brutus redend,
Und seufzend unter dieser Zeiten Joch,
Dem edlen Brutus ihre Augen wünschten.
Brutus.
Auf welche Wege, Cassius, lockt ihr mich,
Daß ihr mich heißt in meinem Innern suchen,
Was doch nicht in mir ist?
Cassius.
Drum, lieber Brutus, schickt euch an zu hören.
Und weil ihr wißt, ihr könnt euch selbst so gut
Nicht sehn als durch den Widerschein, so will
Ich, euer Spiegel, euch bescheidentlich
Von euch entdecken, was ihr noch nicht wißt.
Und denkt von mir kein Arges, werther Brutus.
Wär' ich ein Lacher aus der Menge; pflegt' ich

Mein Herz durch Alltagsschwüre jedem neuen
Betheurer auszubieten; wenn ihr wißt,
Daß ich die Menschen streichle, fest sie herze,
Und dann sie lästre; oder, wenn ihr wißt,
Daß ich bey'm Schmaus mich mit der ganzen Schaar
Verbrüdern mag, dann hütet euch vor mir.

Trompeten und Freudengeschrey.

Brutus.

Was heißt dieß Jauchzen? Wie ich fürchte, wählt
Das Volk zum König Cäsarn.

Cassius.

Fürchtet ihr's?
Das hieße ja, ihr möchtet es nicht gern.

Brutus.

Nein, Cassius, nicht gern; doch lieb' ich ihn.
Doch warum haltet ihr mich hier so lange?
Was ist es, das ihr mir vertrauen möchtet?
Ist's etwas, dienlich zum gemeinen Wohl,
Stellt Ehre vor Ein Auge, Tod vor's andre,
Und beyde seh' ich gleiches Muthes an.
Die Götter seyn mir günstig, wie ich mehr
Die Ehre lieb', als vor dem Tod' mich scheue.

Cassius.

Ich weiß, daß diese Tugend in euch wohnt,
So gut ich euer äußres Ansehn kenne.
Wohl! Ehre ist der Inhalt meiner Rede.
Ich weiß es nicht, wie ihr und andre Menschen

Von

Von diesem Leben denkt; mir, für mich selbst,
Wär' es so lieb, nicht da seyn, als zu leben
In Furcht vor einem Wesen wie ich selbst.
Ich kam wie Cäsar frey zur Welt, so ihr;
Wir nährten uns so gut, wir können beyde
So gut wie er des Winters Frost ertragen.
Denn einst, an einem rauhen, stürm'schen Tage,
Als wild die Tiber an ihr Ufer tobte,
Sprach Cäsar zu mir: Wagst du, Cassius, nun
Mit mir zu springen in die zorn'ge Flut,
Und bis dorthin zu schwimmen? — Auf dieß Wort,
Bekleidet, wie ich war, stürzt' ich hinein,
Und hieß ihn folgen; wirklich that er's auch.
Der Strom brüllt' auf uns ein; wir schlugen ihn
Mit wackern Sehnen, warfen ihn bey Seit',
Und hemmten ihn mit einer Brust des Trotzes.
Doch eh wir das gewählte Ziel erreicht,
Rief Cäsar: Hilf mir, Cassius! ich sinke.
Ich, wie Aeneas, unser großer Ahn,
Aus Troja's Flammen einst auf seinen Schultern
Den alten Vater trug, so aus den Wellen
Zog ich den müden Cäsar. — Und der Mann
Ist nun zum Gott erhöht, und Cassius ist
Ein arm Geschöpf, und muß den Rücken beugen,
Nickt Cäsar nur nachläßig gegen ihn.
Als er in Spanien war, hatt' er ein Fieber,
Und wenn der Schau'r ihn ankam, merkt' ich wohl

B

Sein Beben: ja, er bebte, dieser Gott!
Das feige Blut der Lippen nahm die Flucht,
Sein Auge, deffen Blick die Welt bedräut,
Verlor den Glanz, und ächzen hört' ich ihn.
Ja, dieser Mund, der horchen hieß die Römer,
Und in ihr Buch einzeichnen seine Reden,
Ach, rief: «Titinius! gieb mir zu trinken!»
Wie'n krankes Mädchen. Götter! ich erstaune,
Wie nur ein Mann so schwächlicher Natur
Der stolzen Welt den Vorsprung abgewann,
Und nahm die Palm' allein..

Jubelgeschrey. Trompeten.

Brutus.

Ein neues Jauchzen!
Ich glaube, dieser Beyfall gilt die Ehren,
Die man auf Cäsars Haupt von neuem häuft.

Cassius.

Ja, er beschreitet, Freund, die enge Welt
Wie ein Colossus, und wir kleinen Leute,
Wir wandeln unter seinen Riesenbeinen,
Und schau'n umher nach einem schnöden Grab.
Der Mensch ist manchmal seines Schicksals Meister:
Nicht durch die Schuld der Sterne, lieber Brutus,
Durch eigne Schuld nur sind wir Schwächlinge.
Brutus und Cäsar — was steckt doch in dem Cäsar,
Daß man den Namen mehr als euren spräche?
Schreibt sie zusammen: ganz so schön ist eurer;

Sprecht sie: er steht den Lippen ganz so wohl;
Wägt sie: er ist so schwer; beschwört mit ihnen:
Brutus ruft Geister auf so schnell wie Cäsar.
Jubelgeschrey.
Nun ist in Rom fürwahr des Raums genug:
Findt man darin nur einen einz'gen Mann.
O, beyde hörten wir von unsern Vätern,
Einst gab es einen Brutus, der so gern
Des alten Teufels Hof als einen König
Geduldet hätt' in Rom.
Brutus.
Daß ihr mich liebt, bezweifl' ich keineswegs;
Worauf ihr bey mir dringt, das ahnd' ich wohl;
Was ich davon gedacht und von den Zeiten,
Erklär' ich euch in Zukunft. Doch für jetzt
Möcht' ich, wenn ich euch freundlich bitten darf,
Nicht mehr getrieben seyn. Was ihr gesagt,
Will ich erwägen; was ihr habt zu sagen,
Mit Ruhe hören, und gelegne Zeit,
So hohe Dinge zu besprechen, finden.
Bis dahin, edler Freund, beherzigt dieß:
Brutus wär lieber eines Dorfs Bewohner,
Als sich zu zählen zu den Söhnen Roms
In solchem harten Stand, wie diese Zeit
Uns aufzulegen droht.

Cassius.
Ich bin erfreut, daß meine schwachen Worte
Dem Brutus so viel Funken nur entlockt.

Cäsar und sein Zug kommen zurück.

Brutus.
Das Spiel ist aus, und Cäsar kehrt zurück.
Cassius.
Wenn sie uns nahn, zupft Casca nur am Ärmel,
Er wird nach seiner mürr'schen Art euch sagen,
Was von Belang sich heut ereignet hat.
Brutus.
Ich will es thun. Doch seht nur; Cassius,
Auf Cäsars Stirne glüht der zorn'ge Fleck,
Die Andern sehn gescholtnen Dienern gleich.
Calpurnia's Wang' ist blaß, und Cicero
Blickt mit so feurigen und rothen Augen,
Wie wir ihn wohl im Capitol gesehn,
Wenn Senatoren ihn im Rath bestritten.
Cassius.
Casca wird uns berichten, was es giebt.
Cäsar.
Antonius!
Antonius.
Cäsar?
Cäsar.
Laßt wohlbeleibte Männer um mich seyn,

Mit glatten Köpfen, und die Nachts gut schlafen.
Der Cassius dort hat einen hohlen Blick;
Er denkt zu viel: die Leute sind gefährlich.
                    Antonius.
O fürchtet den nicht: er ist nicht gefährlich.
Er ist ein edler Mann und wohl begabt.
                    Cäsar.
Wär' er nur fetter! — Zwar ich fürcht' ihn nicht;
Doch wäre Furcht nicht meinem Nahmen fremd,
Ich kenne niemand, den ich eher miede
Als diesen hagern Cassius. Er liest viel;
Er ist ein großer Prüfer, und durchschaut
Das Thun der Menschen ganz; er liebt kein Spiel
Wie du, Antonius; hört nicht Musik;
Er lächelt selten, und auf solche Weise,
Als spott' er sein, verachte seinen Geist,
Den irgend was zum Lächeln bringen konnte.
Und solche Männer haben nimmer Ruh,
So lang sie jemand größer sehn als sich.
Das ist es, was sie so gefährlich macht.
Ich sag' dir eher, was zu fürchten stände,
Als was ich fürchte: ich bin stets doch Cäsar.
Komm mir zur Rechten, denn dieß Ohr ist taub,
Und sag' mir wahrhaft, was du von ihm denkst.
        Cäsar und sein Gefolge ab. Casca bleibt zurück.
                    Casca.
Ihr zogt am Mantel mich: wollt ihr mich sprechen?

Brutus.
Ja, Casca, sag uns, was sich heut begeben,
Daß Cäsar finster sieht.
Casca.
Ihr wart ja bey ihm: wart ihr nicht?
Brutus.
Dann fragt' ich Casca nicht, was sich begeben.
Casca.
Nun, man bot ihm eine Krone an, und als man sie ihm anbot, schob er sie mit dem Rücken der Hand zurück, so; und da erhob das Volk ein Jauchzen.
Brutus.
Worüber jauchzten sie zum andern Mal?
Casca.
Nun, auch darüber.
Cassius.
Sie jauchzten dreymal ja: warum zuletzt?
Casca.
Nun, auch darüber.
Brutus.
Ward' ihm die Krone dreymal angeboten?
Casca.
Ey, meiner Treu, wurde sie's, und er schob sie dreymal zurück, jedes Mal sachter als das vorige Mal, und bey jedem Zurückschieben jauchzten meine ehrlichen alten Freunde.

Cassius.
Wer bot ihm die Krone an?
Casca.
Je nun, Antonius.
Brutus.
Sagt uns die Art und Weise, lieber Casca.
Casca.
Ich kann mich eben so gut hängen lassen, als euch die Art und Weise erzählen: es waren nichts als Possen, ich gab nicht Acht darauf. Ich sah den Mark Anton ihm eine Krone anbieten — doch eigentlich war's keine rechte Krone, es war so'ne Art von Stirnband — und wie ich euch sagte, er schob sie Einmal bey Seite; aber bey allem dem hätte er sie nach meinem Bedünken gern gehabt. Dann bot er sie ihm nochmals an, und dann schob er sie nochmals zurück; aber nach meinem Bedünken kam es ihm hart an, die Finger wieder davon zu thun. Und dann bot er sie ihm zum dritten Male an; er schob sie zum dritten Male zurück, und jedes Mal, daß er sie ausschlug, kreischte das Gesindel, und klatschten in die rauhen Fäuste, und warfen die schweißigen Nachtmützen in die Höhe, und gaben eine solche Last stinkenden Athem von sich, weil Cäsar die Krone ausschlug, daß Cäsar fast daran erstickt wäre; denn er ward ohnmächtig und fiel nieder, und ich für mein Theil

wagte nicht zu lachen, aus Furcht, ich möchte den Mund aufthun und die böse Luft einathmen.

Caffius.

Still doch! ich bitt' euch. Wie? er fiel in Ohnmacht?

Casca.

Er fiel auf dem Marktplatze nieder, hatte Schaum vor dem Munde und war sprachlos.

Brutus.

Das mag wohl seyn: er hat die fallende Sucht.

Caffius.

Nein, Cäsar hat sie nicht. Doch ihr und ich Und unsrer wackrer Casca: wir haben sie.

Casca.

Ich weiß nicht, was ihr damit meynt; aber ich bin gewiß, Cäsar fiel nieder. Wenn das Lumpenvolk ihn nicht beklatschte und auszischte, je nachdem er ihnen gefiel oder misfiel, wie sie es mit den Komödianten auf dem Theater machen, so bin ich kein ehrlicher Kerl.

Brutus.

Was sagt' er, als er zu sich selber kam?

Casca.

Ey nun, eh' er hinfiel, als er merkte, daß der gemeine Haufe sich freute, daß er die Krone ausschlug, so riß er euch sein Wams auf, und bot ihnen seinen Hals zum Abschneiden — triebe ich irgend 'ne Handthierung, so will ich mit den Schuften zur Hölle fahren, wo ich ihn nicht beim Wort genommen hätte — und damit fiel er hin. Als er wieder zu sich selbst kam, sagte er, wenn er irgend was unrechtes gethan oder gesagt hatte, so bäte er Ihre Edeln es, seinem Übel beyzumessen. Drey oder vier Weibsbilder, die bey mir standen, riefen: «Ach die gute Seele!» und vergaben ihm von ganzem Herzen. Doch das gilt freylich nicht viel: wenn er ihre Mütter todt geschlagen hätte, sie hätten's eben so gut gethan.

Brutus.
Und darauf ging er so verdrießlich weg?

Casca.
Ja,

Cassius.
Hat Cicero etwas gesagt?

Casca.
Ja, er sprach Griechisch.

Cassius.
Was wollt' er denn?

Casca.
Ja, wenn ich euch das sage, so will ich euch niemals wieder vor die Augen kommen. Aber die ihn verstanden, lächelten einander zu und schüttelten die Köpfe. Doch was mich anlangt, mir war es Griechisch. Ich kann euch noch mehr neues

erzählen: dem Marullus und Flavius ist das Maul gestopft, weil sie Binden von Cäsars Bildsäulen gerissen haben. Lebt wohl! Es gab noch mehr Possen, wenn ich mich nur darauf besinnen könnte.

Cassius.

Wollt ihr heute Abend bei mir speisen, Casca?

Casca.

Nein, ich bin schon versagt.

Cassius.

Wollt ihr morgen bey mir zu Mittag speisen?

Casca.

Ja, wenn ich lebe, und ihr bey eurem Sinne bleibt, und eure Mahlzeit das Essen verlohnt.

Cassius.

Gut, ich erwart' euch.

Casca.

Thut das: lebt beyde wohl. ab.

Brutus.

Was für ein plumper Bursch ist dieß geworden? Er war voll Feuer als mein Schulgenoß.

Cassius.

Das ist er jetzt noch bey der Ausführung
Von jedem kühnen, edlen Unternehmen,
Stellt er sich schon so unbeholfen an.
Dieß rauhe Wesen dient gesundem Witz
Bey ihm zur Brüh': es stärkt der Leute Magen,
Eßlustig seine Reden zuverdaun.

Brutus.
So ist es auch. Für jetzt verlaß ich euch,
Und morgen, wenn ihr wünscht mit mir zu sprechen,
Komm' ich zu euch ins Haus; doch wenn ihr wollt,
So kommt zu mir, und ich will euch erwarten.

Cassius.
Das will ich: bis dahin gedenkt der Welt.

Brutus ab.

Gut, Brutus, du bist edel; doch ich sehe,
Dein löbliches Gemüth kann seiner Art
Entwendet werden. Darum ziemt es sich,
Daß Edle sich zu Edlen immer halten.
Wer ist so fest den nichts verführen kann?
Cäsar ist feind mir, und er liebt den Brutus.
Doch wär' ich Brutus nun, er Cassius,
Er sollte mich nicht lenken. Diese Nacht
Werf ich ihm Zettel von verschiednen Händen,
Als ob sie von verschiednen Bürgern kämen,
Durch's Fenster, alle voll der großen Meynung,
Die Rom von seinem Nahmen hegt, wo dunkel
Auf Cäsars Ehrsucht soll gedeutet seyn.
Dann denke Cäsar seines nahen Falles,
Wir stürzen bald ihn, oder dulden alles.

ab.

Dritte Szene.
Eine Straße. Ungewitter.

Casca mit gezognem Schwert, und Cicero kommen
von verschiednen Seiten.

Cicero.
Guten Abend, Casca! Kommt ihr her vom Cäsar?
Warum so athemlos und so verstört?

Casca.
Bewegt's euch nicht, wenn dieses Erdballs Veste
Wankt, wie ein schwaches Rohr? O Cicero!
Ich sah wohl Stürme, wo der Winde Schelten
Den knot'gen Stamm gespaltet, und ich sah
Das stolze Meer anschwellen, wüten, schäumen,
Als wollt' es an die droh'nden Wolken reichen.
Doch nie bis heute Nacht, noch nie bis jetzt
Ging ich durch einen Feuerregen hin.
Entweder ist im Himmel innrer Krieg,
Wo nicht, so reizt die Welt durch Übermuth
Die Götter, uns Zerstörung herzusenden.

Cicero.
Ja, saht ihr jemals wundervoll're Dinge?

Casca.
Ein Sklave, den ihr wohl von Ansehn kennt,

Hob seine linke Hand empor; sie flammte
Wie zwanzig Fackeln auf einmal, und doch,
Die Glut nicht fühlend, blieb sie unversengt.
Auch kam (seitdem steck' ich mein Schwert nicht ein)
Beym Capitol ein Löwe mir entgegen.
Er gaffte starr mich an, ging mürrisch weiter,
Und that mir nichts. Auf einen Haufen hatten
Wohl hundert bleiche Weiber sich gedrängt,
Entstellt von Furcht; die schwuren, daß sie Männer
Mit feur'gen Leibern wandern auf und ab
Die Straßen sahn. Und gestern saß der Vogel
Der Nacht sogar am Mittag auf dem Markte,
Und kreischt' und schrie. Wenn dieser Wunderzeichen
So viel zusammentreffen, sage niemand:
»Dieß ist der Grund davon, sie sind natürlich.«
Denn Dinge schlimmer Deutung, glaub' ich, sind's,
Dem Himmelstrich, auf welchen sie sich richten.

    Cicero.

Gewiß, die Zeit ist wunderbar gelaunt.
Doch Menschen deuten oft nach ihrer Weise
Die Dinge, weit entfernt vom wahren Sinn.
Kommt Cäsar morgen auf das Kapitol?

    Casca.

Ja, denn er trug es dem Antonius auf,
Euch kund zu thun, er werde morgen kommen.

    Cicero.

Schlaft wohl denn, Casca! Dieser Aufruhr läßt
Nicht draußen weilen.

Casca.

Cicero, lebt wohl!

Cicero ab.

Cassius tritt auf.

Cassius.

Wer da?

Casca.

Ein Römer.

Cassius.

Casca, nach der Stimme.

Casca.

Eu'r Ohr ist gut. Cassius, welch eine Nacht?

Cassius.

Die angenehmste Nacht für wackre Männer.

Casca.

Wer sah den Himmel je so zornig drohn?

Cassius.

Die, welche so voll Schuld die Erde sahn.
Ich, für mein Theil, bin durch die Stadt gewandert,
Mich unterwerfend dieser grausen Nacht,
Und so entgürtet, Casca, wie ihr seht,
Hab' ich die Brust dem Donnerkeil entblößt.
Und wenn des Blitzes schlängelnd Blau zu öffnen
Des Himmels Busen schien, bot ich mich selbst
Dem Strahl des Wetters recht zum Ziele dar.

Casca.

Warum versuchtet ihr den Himmel so?

Es steht den Menschen Furcht und Zittern an,
Wenn die gewalt'gen Götter solche Boten
Furchtbarer Warnung, uns zu schrecken, senden.
              Cassius.
O Casca! ihr seyd stumpf: der Lebensfunke,
Der glühen sollt' in Römern, fehlt euch oder
Ihr braucht ihn nicht. Ihr sehet bleich und starrt,
Von Furcht ergriffen und versenkt in Staunen,
Des Himmels ungewohnten Grimm zu schaun.
Doch wolltet ihr den wahren Grund erwägen,
Warum die Feu'r, die irren Geister alle,
Was Thier' und Vögel macht vom Stamm' entarten,
Und Greise faseln, Kinder prophezeyn;
Warum all diese Dinge ihr Gesetz,
Natur und angeschaffne Gaben wandeln
In Misbeschaffenheit: nun so erkennt ihr,
Der Himmel hauchte diesen Geist in sie,
Daß sie der Furcht und Warnung Werkzeug würden,
Für irgend einen misbeschaffnen Staat.
Nun könnt' ich, Casca, einen Mann dir nennen,
Ganz ähnlich dieser schreckenvollen Nacht,
Der donnert, blitzt, die Gräber öffnet, brüllt,
So wie der Löwe dort im Capitol;
Ein Mann, nicht mächtiger als ich und du
An Leibeskraft, doch drohend angewachsen,
Und furchtbar, wie der Ausbruch dieser Gährung.
              Casca.
'S ist Cäsar, den ihr meynt. Nicht, Cassius?

Caffius.

Es sey auch, wer es sey: die Römer haben
Jetzt Mark und Bein, wie ihre Ahnen hatten.
Doch weh' uns! unsrer Väter Geist ist todt,
Und das Gemüth der Mütter lenket uns,
Denn unser Joch und Dulden zeigt uns weibisch.

Casca.

Ja freylich heißts, gewillt sey der Senat,
Zum König morgen Cäsarn einzusetzen;
Er soll zur See, zu Land die Krone tragen,
An jedem Ort, nur in Italien nicht.

Caffius.

Ich weiß, wohin ich diesen Dolch dann kehre,
Denn Cassius soll von Knechtschaft Cassius lösen.
Darin, ihr Götter, macht ihr Schwache stark,
Darin, ihr Götter, bändigt ihr Tyrannen:
Noch felsenfeste Burg, noch eh'rne Mauern,
Noch dumpfe Kerker, noch der Ketten Last,
Sind Hindernisse für des Geistes Stärke.
Das Leben, dieser Erdenschranken satt,
Hat stets die Macht, sich selber zu entlassen.
Und weiß ich dieß, so wiss auch alle Welt:
Den Theil der Tyranney, der auf mir liegt,
Werf ich nach Willkühr ab.

Casca.
        Das kann auch ich.

So

So trägt ein jeder Sklav in eigner Hand
Gewalt, zu brechen die Gefangenschaft.
Cassius.
Warum denn wäre Cäsar ein Tyrann?
Der arme Mann! Ich weiß, er wär' kein Wolf,
Wenn er nicht säh', die Römer sind nur Schafe.
Er wär' kein Leu, wenn sie nicht Rehe wären.
Wer eilig will ein mächtig Feuer machen,
Nimmt schwaches Stroh zuerst: was für Gestrüpp
Ist Rom, und was für Plunder, wenn es dient
Zum schlechten Stoff, der einem schnöden Dinge
Wie Cäsar Licht verleiht? Doch o, mein Gram!
Wo führtest du mich hin? Ich spreche dieß
Vielleicht vor einem will'gen Knecht: dann weiß ich
Daß ich muß Rede stehn; doch führ' ich Waffen,
Und mich bekümmern die Gefahren nicht.
Casca.
Ihr sprecht mit Casca, einem Mann, der nie
Ein Ohrenbläser war. Hier meine Hand!
Werbt nur Parten zur Abstellung der Übel,
Und dieser Fuß soll Schritt mit jedem halten,
Der noch so weit geht.
Cassius.
Ein geschloßner Handel!
Nun, Casca, wißt: ich habe manche schon
Der Edelmüthigsten von Rom beredet,
Mit mir ein Unternehmen zu bestehn
E

Von ehrenvoll-gefährlichem Erfolg.
Ich weiß, sie warten in Pompejus Halle
Jetzt eben mein: denn in der furchtbar'n Nacht
Kann niemand unter freyem Himmel dauern.
Des Elementes Antlitz und Gestalt
Ist wie das Werk beschaffen, das wir treiben,
Höchst blutig, feurig, und höchst fürchterlich.

Cinna tritt auf.

Casca.

Seyd still ein Weilchen, jemand kommt in Eil.

Cassius.

Ich hör' am Gange, daß es Cinna ist;
Er ist ein Freund. — Cinna, wohin so eilig?

Cinna.

Euch sucht' ich. Wer ist das? Metellus Cimber?

Cassius.

Nein, es ist Casca, ein Verbündeter
Zu unsrer That. Werd' ich erwartet, Cinna?

Cinna.

Das ist mir lieb. Welch eine grause Nacht!
Ein paar von uns sahn seltsame Gesichte.

Cassius.

Werd' ich erwartet, sagt mir?

Cinna.

Ja,
Ihr werdet es. O Cassius! könntet ihr
In unsern Bund den edlen Brutus ziehn —

Cassius.

Seyd ruhig. Guter Cinna, diesen Zettel,
Seht, wie ihr in des Prätors Stuhl ihn legt,
Daß Brutus nur ihn finde; diesen werfe
Ihm in das Fenster; diesen klebt mit Wachs
Ans Bild des alten Brutus. Dieß gethan,
Kommt zu Pompejus Hall' und trefft uns dort.
Ist Decius Brutus und Trebonius da?

Cinna.

Ja, alle bis auf Cimber, und der sucht
In eurem Hauf euch auf. Gut, ich will eilen,
Die Zettel anzubringen, wie ihr wünscht.

Cassius.

Dann stellt euch ein bey des Pompejus Bühne.

Cinna ab.

Kommt, Casca, laßt uns beyde noch vor Tag
In seinem Hause Brutus sehn. Drey Viertel
Von ihm sind unser schon; der ganze Mann
Ergiebt sich bey dem nächsten Angriff uns.

Casca.

O, er sitzt hoch in alles Volkes Herzen,
Und was in uns als Frevel nur erschiene,
Sein Ansehn wird es, wie der Stein der Weisen,
In Tugend wandeln und in Würdigkeit.

Cassius.

Ihn, seinen Werth, wie sehr wir ihn bedürfen,

Habt ihr recht wohl getroffen. Laßt uns gehn,
Es ist nach Mitternacht: wir wollen ihn
Vor Tage wecken und uns sein versichern.

ab.

Zweyter Aufzug.

Erste Szene.
Rom. Der Garten des Brutus.

Brutus tritt auf.

Brutus.
He, Lucius! auf! —
Ich kann nicht aus der Höh' der Sterne rathen,
Wie nah der Tag ist. — Lucius, hörst du nicht? —
Ich wollt', es wär' mein Fehler, so zu schlafen. —
Nun, Lucius, nun! Ich sag': erwach! Auf, Lucius!

Lucius kömmt.

Lucius.
Herr, riefet ihr?

Brutus.
Bring eine Kerze mir ins Lesezimmer,
Und wenn sie brennt, so komm und ruf mich hier.
Lucius.
Ich will es thun, Herr.   ab.
Brutus.
Es muß durch seinen Tod geschehn. Ich habe
Für mein Theil keinen Grund ihn wegzustoßen,
Als fürs gemeine Wohl. Er wünscht gekrönt zu
                seyn;
Wie seinen Sinn das ändern möchte, fragt sich.
Der warme Tag ists, der die Natter zeugt;
Das heischt mit Vorsicht gehn. Ihn krönen? —
              Das —
Und dann ists wahr, wir leihn ihm einen Stachel,
Womit er kann nach Willkühr Schaden thun.
Der Größe Misbrauch ist, wenn von der Macht
Sie das Gewissen trennt: und, um von Cäsarn
Die Wahrheit zu gestehn, ich sah noch nie,
Daß ihn die Leidenschaften mehr beherrscht
Als die Vernunft. Doch oft bestätigt sichs,
Die Demuth ist der jungen Ehrsucht Leiter;
Wer sie hinanklimmt, kehrt den Blick ihr zu,
Doch hat er erst die höchste Sproß erreicht,
Dann kehret er der Leiter seinen Rücken,
Schaut himmelan, verschmäht die niedern Tritte,
Die ihn hinaufgebracht. Das kann auch Cäsar:

Drum, eh' er kann, beugt vor. Und weil der
                 Streit
Nicht Schein gewinnt durch das, was Cäsar ist,
Legt so ihn aus: das, was er ist, vergrößert,
Kann dieß und jenes Übermaaß erreichen.
Drum achtet ihn gleich einem Schlangeney,
Das, ausgebrütet, giftig würde werden
Wie sein Geschlecht, und würgt ihn in der Schale.

               Lucius kömmt zurück.
                      Lucius.
Die Kerze brennt in eurem Zimmer, Herr.
Als ich nach Feuerstein im Fenster suchte,
Fand ich dieß Blatt, versiegelt; und ich weiß
Es war nicht da, als ich zu Bette ging.
                      Brutus.
Geh wieder in dein Bett: es ist noch Nacht.
Ist Morgen nicht des Märzen Idus, Knabe?
                      Lucius.
Ich weiß nicht, Herr.
                      Brutus.
Such im Kalender denn, und sag' es mir.
                      Lucius.
Das will ich, Herr.   ab.
                      Brutus.
Die Ausdünstungen, schwirrend in der Luft,
Gewähren Licht genug, dabey zu lesen.
               Er öffnet den Brief und liest.

«Brutus, du schläfst. Erwach' und sieh dich selbst!
Soll Rom? — Sprich, schlage, stelle her!
Brutus, du schläfst. Erwache! —»
Oft hat man schon dergleichen Aufgebote
Mir in den Weg gestreut.
«Soll Rom?» — So muß ich es ergänzen:
Soll Rom vor Einem Manne beben? Wie?
Mein Ahnherr trieb einst von den Straßen Roms
Tarquin hinweg, als er ein König hieß.
«Sprich, schlage, stelle her!» Werd' ich zu sprechen,
Zu schlagen angemahnt? O Rom, ich schwöre,
Wenn nur die Herstellung erfolgt, empfängst du
Dein ganz Begehren von der Hand des Brutus!

Lucius kommt zurück.

Lucius.

Herr, vierzehn Tage sind vom März verstrichen.
Man klopft draußen.

Brutus.

'S ist gut. Geh an die Pforte: jemand klopft.
Lucius ab.

Seit Cassius mich spornte gegen Cäsar,
Schlief ich nicht mehr.
Bis zur Vollführung einer furchtbar'n That
Vom ersten Antrieb, ist die Zwischenzeit
Wie ein Phantom, ein grauenvoller Traum.
Der Genius und die sterblichen Organe

Sind dann im Rath vereint; und die Verfassung
Des Menschen, wie ein kleines Königreich,
Erleidet dann den Zustand der Empörung.

   Lucius kommt zurück.

    Lucius.
Herr, euer Bruder Cassius wartet draußen;
Er wünschet euch zu sehn.
    Brutus.
     Ist er allein?
    Lucius.
Nein, es sind mehr noch bey ihm.
    Brutus.
      Kennst du sie?
    Lucius.
Nein, Herr, sie tragen eingedrückt die Hüte,
Und das Gesicht im Mantel halb begraben,
Daß ich durchaus sie nicht erkennen kann
An irgend einem Zuge.
    Brutus.
    Laß sie ein.
      Lucius ab.
Es sind die Bundesbrüder. O Verschwörung!
Du schämst dich, die verdächt'ge Stirn bey Nacht
Zu zeigen, wann das Bös am freysten ist?
O denn, bey Tag, wo willst du eine Höhle
Entdecken, dunkel gnug es zu verlarven,

Dein schnödes Antlitz? — Verschwörung, suche
keine!
In Lächeln hüll' es und in Freundlichkeit!
Denn trät'st du auf in angebohrner Bildung,
So wär' der Erebus nicht finster gnug,
Vor Argwohn dich zu schützen.

Cassius, Casca, Decius, Metellus Cimber und Trebonius treten auf.

Cassius.
Sind wir gelegen? Guten Morgen, Brutus!
Ich fürchte, daß wir eure Ruhe stören.
Brutus.
Längst war ich auf, und wach die ganze Nacht.
Kenn' ich die Männer, welche mit euch kommen?
Cassius.
Ja, jeden aus der Zahl; und keiner hier,
Der euch nicht hoch hält, und ein jeder wünscht,
Ihr hättet nur die Meynung von euch selbst,
Die jeder edle Römer von euch hegt.
Dieß ist Trebonius.
Brutus.
Er ist willkommen.
Cassius.
Dieß Decius Brutus.
Brutus.
Er ist auch willkommen.

Cassius.

Dieß Casca, dieß Cinna, und dieß Metellus Cimber.

Brutus.

Willkommen alle!
Was stellen sich für wache Sorgen zwischen
Die Nacht und eure Augen?

Cassius.

Auf ein Wort,

Wenn's euch beliebt.

Sie reden leise mit einander.

Decius.

Hier liegt der Ost: bricht da der Tag nicht an?

Casca.

Nein.

Cinna.

Doch, um Verzeihung! und die grauen Streifen,
Die das Gewölk durchziehn, sind Tagesboten.

Casca.

Ihr sollt gestehn, daß ihr euch beyde trügt.
Die Sonn' erscheint hier, wo mein Degen hinweist;
Das ist ein gut Theil weiter hin nach Süden,
Wenn ihr die junge Jahreszeit erwägt.
Zwey Monde noch, und höher gegen Norden
Steigt ihre Flamm' empor, und grade hier
Steht hinter'm Capitol der hohe Ost.

Brutus.

Gebt eure Hand mir, einer nach dem Andern.

Cassius.
Und lasset uns beschwören den Entschluß.
Brutus.
Nein, keinen Eid! Wenn nicht der Menschen Antlitz
Das innre Seelenleid, der Zeit Verfall. —
Sind diese Gründe schwach, so brecht nur auf,
Und jeder fort zu seinem trägen Bett!
Laßt frechgesinnte Tyrannen dann schalten,
Bis jeder nach dem Loose fällt. Doch tragen
Sie Feuer gnug in sich, wie offenbar,
Um Feige zu entflammen, und mit Muth
Des Weibes schmelzendes Gemüth zu stählen:
O denn, Mitbürger! welchen andern Sporn
Als unsre Sache braucht es, uns zu stacheln
Zur Herstellung? Was für Gewähr als diese:
Verschwiegne Römer, die das Wort gesprochen,
Und nicht zurückziehn? Welchen andern Eid,
Als Redlichkeit mit Redlichkeit im Bund,
Daß dieß gescheh', wo nicht, dafür zu sterben?
Laßt Priester, Memmen, Schriftgelehrte schwören,
Verdorrte Greis und solche Jammerseelen,
Die für das Unrecht danken; schwören laßt
Bey bösen Händeln Volk, dem man nicht traut.
Entehrt nicht so den Gleichmuth unsrer Handlung
Und unsern unbezwinglich festen Sinn.
Zu denken, unsre Sache, unsre That
Brauch' einen Eid; da jeder Tropfe Bluts,

Der edel fließt in jedes Römers Adern,
Sich seines ächten Stamms verlustig macht,
Wenn er das kleinste Theilchen nur verletzt
Von irgend einem Worte, das er gab.

    Cassius.
Doch wie mit Cicero? Forscht man ihn aus?
Ich denk', er wird sehr eifrig für uns seyn.

    Casca.
Laßt uns ihn nicht vorübergehn.

    Cinna.
     Nein, ja nicht.

    Metellus.
Gewinnt ihn ja für uns. Sein Silberhaar
Wird eine gute Meynung uns erkaufen,
Und Stimmen werben, unser Werk zu preisen.
Sein Urtheil habe unsre Hand gelenkt,
So wird es heißen; unsre Hastigkeit
Und Jugend wird im mindsten nicht erscheinen,
Von seinem würd'gen Ansehn ganz bedeckt.

    Brutus.
O nennt ihn nicht! Laßt uns ihm nichts eröffnen,
Denn niemals tritt er einer Sache bey,
Wenn Andre sie erdacht.

    Cassius.
     So laßt ihn weg.

    Casca.
'S ist wahr, er paßt auch nicht.

Decius.
Wird niemand sonst als Cäsar angetastet?
Cassius.
Ja, gut bedacht! Mich dünkt, daß Mark Anton
Der so beliebt beym Cäsar ist, den Cäsar
Nicht überleben darf. Er wird sich uns
Gewandt in Ränken zeigen, und ihr wißt,
Daß seine Macht, wenn er sie nutzt, wohl hin-
reicht,
Uns allen Noth zu schaffen. Dem zu wehren,
Fall' Cäsar und Antonius zugleich.
Brutus.
Zu blut'ge Weise, Cajus Cassius, wär's,
Das Haupt abschlagen und zerhaun die Glieder,
Wie Grimm beym Tod' und Tücke hinterher.
Antonius ist ja nur ein Glied des Cäsar.
Laßt Opferer uns seyn, nicht Schlächter, Cajus.
Wir alle stehen gegen Cäsars Geist,
Und in dem Geist des Menschen ist kein Blut.
O könnten wir denn Cäsars Geist erreichen,
Und Cäsarn nicht zerstücken! Aber ach!
Cäsar muß für ihn bluten. Edle Freunde,
Laßt kühnlich uns ihn tödten, doch nicht zornig;
Zerlegen laßt uns ihn, ein Mahl für Götter,
Nicht ihn zerhauen wie ein Aas für Hunde.
Laßt unsre Herzen, schlauen Herren gleich,
Zu rascher That aufwiegeln ihre Diener,

Und dann zum Scheine schmählen. Dadurch wird
Nothwendig unser Werk und nicht gehäßig;
Und wenn es so dem Aug' des Volks erscheint,
Wird man uns Reiniger, nicht Mörder nennen.
Was Mark Anton betrifft, denkt nicht an ihn,
Denn er vermag nicht mehr als Cäsars Arm,
Wenn Cäsars Haupt erst fiel.
                Cassius.
                        Doch fürcht' ich ihn,
Denn seine Liebe hängt so fest am Cäsar —
            Brutus.
Ach, guter Cassius, denket nicht an ihn!
Liebt er den Cäsar, so vermag er nichts
Als gegen sich: sich härmen, für ihn sterben.
Und das wär' viel von ihm, weil er der Lust,
Der Wüstheit, den Gelagen sich ergiebt.
            Trebonius.
Es ist kein Arg in ihm: er sterbe nicht,
Denn er wird leben, und dieß einst belachen.
                    Die Glocke schlägt.
            Brutus.
Still! zählt die Glocke.
            Cassius.
                    Sie hat drey geschlagen.
        Trebonius.
Es ist zum Scheiden Zeit.
            Cassius.
                Doch zweifl' ich noch,

Ob Cäsar heute wird erscheinen wollen.
Denn kürzlich ist er abergläubisch worden,
Ganz dem entgegen, wie er sonst gedacht
Von Träumen, Einbildung und heil'gen Bräuchen.
Vielleicht, daß diese großen Wunderdinge,
Das ungewohnte Schrecken dieser Nacht
Und seiner Auguren Überredung ihn
Entfernt vom Capitol für heute hält.
    Decius.
Das fürchtet nimmer: wenn er das beschloß,
So übermeistr' ich ihn. Er hört es gern,
Das Einhorn lasse sich mit Bäumen fangen,
Der Löw' im Netz, der Elephant in Gruben,
Der Bär mit Spiegeln und der Mensch durch
    Schmeichler.
Doch sag' ich ihm, daß er die Schmeichler haßt,
Bejaht er es, am meisten dann geschmeichelt.
Laßt mich gewähren,
Denn ich verstehe sein Gemüth zu lenken,
Und will ihn bringen auf das Capitol.
    Cassius.
Ja, laßt uns alle gehn, um ihn zu hohlen.
    Brutus.
Zur achten Stund' aufs späteste, nicht wahr?
    Cinna.
Das sey das spätste, und dann bleibt nicht aus.
       Metel-

Metellus.
Cajus Ltgarius ist dem Cäsar feind,
Der's ihm verwies, daß er Pompejus lobte.
Es wundert mich, daß niemand sein gedacht.
Brutus.
Wohl, guter Cimber, geht nur vor bey ihm;
Er liebt mich herzlich und ich gab ihm Grund.
Schickt ihn hieher, so will ich schon ihn stimmen.
Cassius.
Der Morgen übereilt uns: wir gehen, Brutus.
Zerstreut euch, Freunde, doch bedenket alle,
Was ihr gesagt, und zeigt euch ächte Römer.
Brutus.
Seht, werthe Männer, frisch und fröhlich aus;
Wagt euren Vorsatz nicht auf eurer Stirn.
Nein, führts hindurch wie Helden unsrer Bühne,
Mit munterm Geist und äußrer Festigkeit.
Und somit, insgesamt euch guten Morgen!

Alle ab außer Brutus.

Brutus.
He, Lucius! — Fest im Schlaf? Es schadet nichts.
Genieß den honigschweren Thau des Schlummers.
Du siehst Gestalten nicht noch Phantasie'n,
Womit geschäft'ge Sorg' ein Hirn erfüllt,
Drum schläfst du so gesund.

Portia tritt auf.
Portia.
Mein Gatte! Brutus!
Brutus.
Was wollt ihr, Portia? warum steht ihr auf?
Es dient euch nicht, die zärtliche Natur
Dem rauhen kalten Morgen zu vertraun.
Portia.
Euch gleichfalls nicht. Unfreundlich stahlt ihr,
Brutus,
Von meinem Bett euch; und beym Nachtmahl
gestern
Erhobt ihr plötzlich euch, und gingt umher,
Sinnend und seufzend mit verschränkten Armen.
Und wenn ich euch befragte, was es sey,
So starrtet ihr mich an mit finstern Blicken.
Ich drang in euch, da rieb't ihr euch die Stirn,
Und stampftet ungeduldig mit dem Fuß;
Doch hielt ich an, doch gabt ihr keine Rede,
Und winktet mit der Hand unwillig weg,
Damit ich euch verließ'. Ich that es auch,
Besorgt, die Ungeduld noch zu verstärken,
Die schon zu sehr entflammt schien, und zugleich
Mir schmeichelnd, nur von Laune rühr' es her,
Die ihre Stunden hat bey jedem Mann.
Nicht essen, reden, schlafen läßt es euch,
Und könnt' es eure Bildung so entstellen,

Als es sich eurer Fassung hat bemeistert,
So kennt' ich euch nicht mehr. Mein theurer
Gatte,
Theilt mir die Ursach eures Kummers mit.
Brutus.
Ich bin nicht recht gesund und das ist alles.
Portia.
Brutus ist weise: wär' er nicht gesund,
Er nähm' die Mittel wahr, um es zu werden.
Brutus.
Das thu' ich — gute Portia, geh zu Bett.
Portia.
Ist Brutus krank? und ist es heilsam, so
Entblößt umherzugehn und einzusaugen
Den Dunst des Morgens? Wie, ist Brutus krank,
Und schleicht er vom gesunden Bett sich weg,
Der schnöden Ansteckung der Nacht zu trozen?
Und reizet er die böse Fieberluft,
Sein Übel noch zu mehren? Nein, mein Brutus,
Ihr tragt ein krankes Übel im Gemüth,
Wovon, nach meiner Stelle Recht und Würde,
Ich wissen sollte; und auf meinen Knie'n
Fleh' ich bey meiner einst gepriesnen Schönheit,
Bey allen euren Liebesschwüren, ja
Bey jenem großen Schwur, durch welchen wir
Einander einverleibt und eins nur sind:
Enthüllt mir, eurer Hälfte, eurem Selbst,

Was euch bekümmert, was zu Nacht für Männer
Euch zugesprochen; denn es waren hier
Sechs oder sieben, die ihr Antlitz selbst
Der Finsterniß verbargen.
Brutus.
O kniet nicht, liebe Portia.
Portia.
Ich braucht' es nicht, wärt ihr mein lieber Brutus.
Ist's im Vertrag der Ehe, sagt mir, Brutus,
bedungen, kein Geheimniß sollt' ich wissen,
Das euch gehört? Und bin ich euer Selbst
Nur gleichsam, mit gewissen Einschränkungen?
Beym Mahl um euch zu seyn, eu'r Bett zu theilen,
Auch wohl mit euch zu sprechen? Wohn' ich denn
Nur in der Vorstadt eurer Zuneigung?
Ist es nur das, so ist ja Portia
Des Brutus Buhle nur und nicht sein Weib.
Brutus.
Ihr seyd mein ächtes, ehrenwerthes Weib,
So theuer mir als wie die Purpurtropfen,
Die um mein trauernd Herz sich drängen.
Portia.
Wenn dem so wär', so wüßt' ich dieß Geheimniß.
Ich bin ein Weib, gesteh' ich, aber doch
Ein Weib, das Brutus zur Gemahlin nahm.
Ich bin ein Weib, gesteh' ich, aber doch
Ein Weib von gutem Rufe, Cato's Tochter.

Denkt ihr, ich sey so schwach wie mein Geschlecht,
Aus solchem Stamm erzeugt und so vermählt?
Sagt mir, was ihr beschloßt: ich wills bewahren.
Ich habe meine Stärke hart erprüft,
Freywillig eine Wunde mir versetzend
Am Schenkel hier: ertrüg' ich das geduldig,
Und ein Geheimniß meines Gatten nicht?
    Brutus.
Ihr Götter, macht mich werth des edlen Weibes!
       Man klopft draußen.
Horch! horch! man klopft; geh eine Weil' hinein,
Und unverzüglich soll dein Busen theilen,
Was noch mein Herz verschließt.
Mein ganzes Bündniß will ich dir enthüllen,
Und meiner finstern Stirne Zeichenschrift.
Verlaß mich schnell.   Portia ab.

  Lucius und Ligarius kommen.

    Brutus.
     Wer klopft denn, Lucius?
    Lucius.
Hier ist ein Kranker, der euch sprechen will.
    Brutus.
Ligarius ists, von dem Metellus sprach.
Du, tritt beyseit. — Cajus Ligarius, wie?
    Ligarius.
Nehmt einen Morgengruß von matter Zunge.

Brutus.
O welche Zeit erwählt ihr, wackrer Cajus,
Ein Tuch zu tragen! Wärt ihr doch nicht krank!
Ligarius.
Ich bin nicht krank, hat irgend eine That,
Des Nahmens Ehre würdig, Brutus vor.
Brutus.
Solch eine That, Ligarius, hab' ich vor,
Wär' euer Ohr gesund, davon zu hören.
Ligarius.
Bey jedem Gott, vor dem sich Römer beugen!
Hier sag' ich ab der Krankheit. Seele Roms!
Du wackrer Sohn, aus edlem Blut entsprossen!
Wie ein Beschwörer rufst du auf in mir
Den abgestorbnen Geist. Nun heiß mich laufen,
So will ich an unmögliches mich wagen,
Ja, Herr darüber werden. Was zu thun?
Brutus.
Ein Wagestück, das Kranke heilen wird.
Ligarius.
Doch giebts nicht auch Gesunde krank zu machen?
Brutus.
Die giebt es freylich. Was es ist, mein Cajus,
Eröffn' ich dir auf unserm Weg zu ihm,
An dem es muß geschehn.
Ligarius.
    Macht euch nur auf;

Mit neu entflammtem Herzen folg' ich euch,
Zu thun was ich nicht weiß. Doch es genügt,
Daß Brutus mir vorangeht.
<blockquote>Brutus.</blockquote>
<blockquote>Folgt mir denn.</blockquote>
<blockquote>Beyde ab.</blockquote>

Zweyte Szene.
Ein Zimmer in Cäsars Palaste.

Donner und Blitz. Cäsar in seinem Nachtkleide.

<blockquote>Cäsar.</blockquote>
Zu Nacht hat Erd' und Himmel Krieg geführt.
Calpurnia rief im Schlafe dreymal laut:
»O helft! Sie morden Cäsarn.« — Niemand da?

<blockquote>Ein Diener kommt.</blockquote>
<blockquote>Diener.</blockquote>
Herr?
<blockquote>Cäsar.</blockquote>
Geh, heiß die Priester gleich zum Opfer schreiten,
Und bring mir ihre Meynung vom Erfolg.

Diener.
Es soll geschehn. *ab.*

Calpurnia tritt auf.

Was meynt ihr, Cäsar? Denkt ihr auszugehn?
Ihr müßt heut keinen Schritt vom Hause weichen.
Cäsar.
Cäsar geht aus. Mir haben stets Gefahren
Im Rücken nur gedroht; wenn sie die Stirn
Des Cäsar werden sehn, sind sie verschwunden.
Calpurnia.
Cäsar, ich hielt auf Wunderzeichen nie,
Doch schrecken sie mich nun. Im Hauf ist jemand,
Der außer dem, was wir gesehn, gehört,
Von Gräueln meldet, so die Wach' erblickt.
Es warf auf offner Gasse eine Löwin,
Und Grüft' erlösten gähnend ihre Todten.
Wildglüh'nde Krieger fechten auf den Wolken,
In Reihn, Geschwadern, und nach Kriegsgebrauch,
Wovon es Blut gesprüht aufs Capitol.
Das Schlachtgetöse klirrte in der Luft;
Da wiehern Rosse, Männer röcheln sterbend,
Und Geister wimmerten die Straßen durch.
O Cäsar! unerhört sind diese Dinge:
Ich fürcht: sie.
Cäsar.
Was kann vermieden werden
Das sich zum Ziel die mächt'gen Götter setzten?

Ich gehe dennoch aus, denn diese Zeichen,
So gut wie Cäsarn, gelten sie der Welt.
    Calpurnia.
Kometen sieht man nicht, wann Bettler sterben:
Der Himmel selbst flammt Fürstentod' herab.
    Cäsar.
Der Feige stirbt schon vielmal, eh' er stirbt,
Die Tapfern kosten Einmal nur den Tod.
Von allen Wundern, die ich je gehört,
Scheint mir das größte, daß sich Menschen fürchten,
Da sie doch sehn, der Tod, das Schicksal Aller,
Kommt, wann er kommen soll.

    Der Diener kommt zurück.
Was dünkt den Augurn?
    Diener.
Sie rathen euch, für heut nicht auszugehn.
Da sie dem Opferthier das Eingeweide
Ausnahmen, fanden sie kein Herz darin.
    Cäsar.
Die Götter thun der Feigheit dieß zur Schmach.
Ein Thier ja wäre Cäsar ohne Herz,
Wenn er aus Furcht sich heut zu Hause hielte.
Das wird er nicht: gar wohl weiß die Gefahr,
Cäsar sey noch gefährlicher als sie.
Wir sind zwey Leu'n, an Einem Tag geworfen,
Und ich der ältre und der schrecklichste;
Und Cäsar wird doch ausgehn.

Calpurnia.
                    Ach, mein Gatte!
In Zuversicht geht eure Weisheit unter.
Geht heute doch nicht aus; nennts meine Furcht,
Die euch zu Hause hält, nicht eure eigne.
Wir senden Mark Anton in den Senat,
Zu sagen, daß ihr unpaß heute seyd.
Laßt mich auf meinen Knien dieß erbitten.
                Cäsar.
Ja, Mark Anton soll sagen, ich sey unpaß.
Und dir zu lieb will ich zu Hause bleiben.
                        Decius tritt auf.
Sieh, Decius Brutus kommt; der soll's bestellen.
                Decius.
Heil, Cäsar! guten Morgen, würd'ger Cäsar!
Ich komm' euch abzuhohlen zum Senat.
                Cäsar.
Und seyd gekommen zur gelegnen Zeit,
Den Senatoren meinen Gruß zu bringen.
Sagt ihnen, daß ich heut nicht kommen will;
Nicht kann, ist falsch; daß ichs nicht wage, falscher.
Ich will nicht kommen heut, sagt ihnen das.
                Calpurnia.
Sagt, er sey krank.
                Cäsar.
            Hilft Cäsar sich mit Lügen?
Streckt' ich so weit erobernd meinen Arm,

Graubärten scheu die Wahrheit zu verkleiden?
Geht, Decius! sagt nur: Cäsar will nicht kommen.
                    Decius.
Laßt einen Grund mich wissen, großer Cäsar,
Daß man mich nicht verlacht, wenn ich es sage.
                    Cäsar.
Der Grund ist nur mein Will'; ich will nicht kom-
                        men,
Das gnügt zu des Senats Befriedigung.
Doch um euch insbesondre gnug zu thun,
Weil ich euch liebe, will ichs euch eröffnen.
Calpurnia hier, mein Weib, hält mich zu Haus.
Sie träumte diese Nacht, sie säh' mein Bildniß,
Das wie ein Springbrunn klares Blut vergoß
Aus hundert Röhren; rüst'ge Römer kamen,
Und tauchten lächelnd ihre Hände drein.
Dieß legt sie aus als Warnungen und Zeichen,
Und Unglück, das uns droht, und hat mich kniend
Gebeten, heute doch nicht auszugehn.
                    Decius.
Ihr habt den Traum ganz irrig ausgelegt,
Es war ein schönes, glückliches Gesicht.
Eu'r Bildniß, Blut aus vielen Röhren spritzend,
Worein so viele Römer lächelnd tauchten,
Bedeutet, saugen werd' aus euch das große Rom
Belebend Blut; und große Männer werden
Nach Heiligthümern und nach Ehrenpfändern

Sich drängen. Das bedeutet dieser Traum.
Cäsar.
Auf diese Art habt ihr ihn wohl erklärt.
Decius.
Ja, wenn ihr erst gehört, was ich euch melde.
Wißt denn; an diesem Tag will der Senat
Dem großen Cäsar eine Krone geben.
Wenn ihr nun sagen laßt, ihr wollt nicht kommen,
So kann es sie gereun. Auch ließ' es leicht
Zum Spott sich wenden; jemand spräche wohl:
»Verschiebt die Sitzung bis auf andre Zeit,
Wann Cäsars Gattin beßre Träume hat.«
Wenn Cäsar sich versteckt, wird man nicht flüstern:
»Seht! Cäsar fürchtet sich?«
Verzeiht mir, Cäsar, meine Herzensliebe
Heißt dieses mich zu eurem Vortheil sagen,
Und Schicklichkeit steht meiner Liebe nach.
Cäsar.
Wie thöricht scheint nun eure Angst, Calpurnia!
Ich schäme mich, daß ich ihr nachgegeben.
Reicht mein Gewand mir her, denn ich will gehn.

Publius, Brutus, Ligarius, Metellus, Casca, Trebonius und Cinna treten auf.

Da kommt auch Publius, um mich zu hohlen.
Publius.
Guten Morgen, Cäsar!

Cäsar.

Publius, willkommen! —
Wie, Brutus? seyd ihr auch so früh schon auf! —
Guten Morgen, Casca! — Cajus Ligarius,
So sehr war Cäsar niemals euer Feind
Als dieses Fieber, das euch abgezehrt. —
Was ist die Uhr?

Brutus.
Es hat schon acht geschlagen.

Cäsar.
Habt Dank für eure Müh und Höflichkeit.

Antonius tritt auf.

Seht! Mark Anton, der lange schwärmt des Nachts,
Ist doch schon auf. — Antonius, seyd gegrüßt!

Antonius.
Auch ihr, erlauchter Cäsar.

Cäsar.
Befehlt, daß man im Hause fertig sey.
Es ist nicht recht, so auf sich warten lassen.
Ey, Cinna! — Ey, Metellus! — Wie, Trebonius?
Ich hab' mit euch ein Stündchen zu verplaudern.
Gedenkt daran, daß ihr mich heut besucht,
Und bleibt mir nah, damit ich euer denke.

Trebonius.
Das will ich, Cäsar — bey seit. will so nah euch
                                    seyn,

Daß eure besten Freunde wünschen sollen,
Ich wär' entfernt gewesen.

Cäsar.

Lieben Freunde,
Kommt mit herein und trinkt ein wenig Weins,
Dann gehen wir gleich Freunden mit einander.

Brutus beyseit.

Daß gleich nicht stets dasselbe ist, o Cäsar!
Das Herz des Brutus blutet, es zu denken.

Alle ab.

Dritte Szene.

Eine Straße nahe beym Capitol.

Artemidorus tritt auf und liest einen Zettel.

Artemidorus.

«Cäsar, hüte dich vor Brutus, sey wachsam gegen
«Cassius, halte dich weit vom Casca, habe ein Au=
«ge auf Cinna, mistraue dem Trebonius, beobachte
«den Metellus Cimber, Decius Brutus liebt dich
«nicht, beleidigt hast du den Cajus Ligarius. Nur
«Ein Sinn lebt in allen diesen Männern, und er

«ist gegen Cäsar gerichtet. Wo du nicht unsterb-
«lich bist, schau um dich. Sorglosigkeit giebt der
«Verschwörung Raum. Mögen dich die großen
«Götter schützen.

«Der Deinige

«Artemidorus.»

Hier will ich stehn, bis er vorübergeht,
Und will ihm dieß als Bittschrift überreichen.
Mein Herz bejammert, daß die Tugend nicht
Frey von dem Zahn des Neides leben kann.
O Cäsar, lies! so bist du nicht verlohren:
Sonst ist das Schicksal mit Verrath verschworen.

ab.

Vierte Szene.

Ein andrer Theil derselben Straße, vor dem Hause des Brutus.

Portia und Lucius kommen

Portia.

Ich bitt' dich, Knabe, lauf in den Senat.
Halte dich mit keiner Antwort auf und geh.
Was wartest du?

Lucius.
Zu hören, was ich soll.
Portia.
Ich möchte dort und wieder hier dich haben,
Eh' ich dir sagen kann, was du da sollst.
O Festigkeit, steh unverrückt mir bey,
Stell' einen Fels mir zwischen Herz und Zunge!
Ich habe Mannessinn, doch Weibeskraft.
Wie fällt doch ein Geheimniß Weibern schwer! —
Bist du noch hier?
Lucius.
Was sollt' ich, gnäd'ge Frau?
Nur hin zum Capitol und weiter nichts,
Und so zu euch und weiter nichts?
Portia.
Nein, ob dein Herr wohl aussieht, melde mir,
Denn er ging unpaß fort, und merk dir recht,
Was Cäsar macht, wer mit Gesuch ihm naht.
Still, Knabe! Welch Geräusch?
Lucius.
Ich höre keins.
Portia.
Ich bitt' dich, horch genau.
Ich hörte wilden Lärm, als föchte man,
Und der Wind bringt vom Capitol ihn her.
Lucius.
Gewißlich, gnäd'ge Frau, ich höre nichts.

Ein

Ein Wahrsager kommt.
Portia.
Komm näher, Mann! Wo führt dein Weg dich her?
Wahrsager.
Von meinem Hause, liebe gnäd'ge Frau.
Portia.
Was ist die Uhr?
Wahrsager.
Die neunte Stund' etwa.
Portia.
Ist Cäsar schon aufs Capitol gegangen?
Wahrsager.
Nein, gnäd'ge Frau; ich geh' mir Platz zu nehmen,
Wo er vorbeyzieht auf das Capitol.
Portia.
Du hast an Cäsarn ein Gesuch: nicht wahr?
Wahrsager.
Das hab' ich, gnäd'ge Frau. Geliebt es Cäsarn
Aus Güte gegen Cäsar mich zu hören,
So bitt' ich ihn, es gut mit sich zu meynen.
Portia.
Wie? weißt du, daß man ihm ein Leid will an-
thun?
Wahrsager.
Keins seh' ich klar vorher, viel, fürcht' ich, kann
geschehn.
Doch guten Tag! Hier ist die Straße eng:

E

Die Schaar, die Cäsarn auf der Ferse folgt,
Von Senatoren, Prätorn, Supplikanten,
Wird einen schwachen Mann beynah erdrücken.
Ich will an einen freyern Platz, und da
Den großen Cäsar sprechen, wenn er kommt.   ab.
Portia.
Ich muß ins Haus. Ach, welch ein schwaches
Ding
Das Herz des Weibes ist! O Brutus!
Der Himmel helfe deinem Unternehmen. —
Gewiß, der Knabe hört' es. — Brutus wirbt um
etwas,
Das Cäsar weigert. — O, es wird mir schlimm!
Lauf, Lucius, empfiehl mich meinem Gatten,
Sag, ich sey fröhlich, komm zu mir zurück,
Und melde mir, was er dir aufgetragen.
Beyde ab.

Dritter Aufzug.

Erste Szene.

Das Capitol. Sitzung des Senats.

Ein Haufe Volks in der Straße, die zum Capitol führt, darunter Artemidorus und der Wahrsager. Trompetenstoß. Cäsar, Brutus, Cassius, Casca, Decius, Metellus, Trebonius, Cinna, Antonius, Lepidus, Popilius, Publius und Andre kommen.

Cäsar.
Des Märzen Idus ist nun da.
Wahrsager.
Ja, Cäsar,
Doch nicht vorbey.
Artemidorus.
Heil, Cäsar! Lies den Zettel hier.

E 2

Decius.

Trebonius bittet euch, bey guter Weile
Dieß unterthänige Gesuch zu lesen.

Artemidorus.

Lies meines erst, o Cäsar! Mein Gesuch
Betrifft den Cäsar näher: lies, großer Cäsar!

Geht Cäsarn näher an.

Cäsar.

Was uns betrifft, werd' auf die letzt verspart.

Artemidorus.

Verschieb nicht, Cäsar, lies im Augenblick.

Cäsar.

Wie? ist der Mensch verrückt?

Publius.

Mach Platz, Gesell!

Cassius.

Was? drängt ihr auf der Straße mit Gesuchen?
Kommt in das Capitol.

*Cäsar geht in das Capitol, die übrigen folgen ihm.
Alle Senatoren stehen auf.*

Popilius.

Mög' euer Unternehmen heut gelingen!

Cassius.

Welch Unternehmen, Lena?

Popilius.

Geh's euch wohl,

Er nähert sich dem Cäsar.

Brutus.
Was sprach Popilius Lena da?
Cassius.
Er wünschte,
Daß unser Unternehmen heut gelänge.
Ich fürchte, unser Anschlag ist entdeckt.
Brutus.
Seht, wie er Cäsarn naht! Gebt Acht auf ihn.
Cassius.
Sey schleunig, Casca, daß man nicht zuvorkömmt,
Was ist zu thun hier, Brutus? Wenn es aus:
kömmt,
Kehrt Cassius oder Cäsar nimmer heim,
Denn ich entleibe mich.
Brutus.
Sey standhaft, Cassius.
Popilius spricht von unserm Anschlag nicht.
Er lächelt, sieh, und Cäsar bleibt in Ruh.
Cassius.
Trebonius nimmt die Zeit wahr, Brutus; sieh
Er zieht geschickt den Mark Anton bey Seite.

Antonius und Trebonius ab. Cäsar und die Senatoren nehmen ihre Sitze ein.

Decius.
Wo ist Metellus Cimber? Laßt ihn gehn,
Und sein Gesuch sogleich dem Cäsar reichen.
Brutus.
Er ist bereit, drängt an und steht ihm bey.

Cinna.
Casca, ihr müßt zuerst den Arm erheben.
Cäsar.
Sind alle da? Was für Beschwerden giebts,
Die Cäsar heben muß und sein Senat?
Metellus niederknieend.
Glorreicher, mächtigster, erhabner Cäsar!
Metellus Cimber wirft vor deinen Sitz
Ein Herz voll Demuth nieder.
Cäsar.
– Cimber hör',
Ich muß zuvor dir kommen. Dieses Kriechen,
Dieß knechtische Verbeugen könnte wohl
Gemeiner Menschen Blut in Feuer setzen,
Und vorbestimmte Wahl, gefaßten Schluß,
Zum Kinderwillen machen. Sey nicht thöricht
Und denk, so leicht empört sey Cäsars Blut,
Um aufzuthaun von seiner ächten Kraft
Durch das, was Narr'n erweicht: durch süße Worte,
Gekrümmtes Bücken, hündisches Geschmeichel.
Dein Bruder ist verbannt durch einen Spruch;
Wenn du für ihn dich bückst und flehst und schmei-
chelst,
So stoß' ich dich wie einen Hund hinweg.
Wiss'! Cäsar thut kein Unrecht; ohne Gründe
Befriedigt man ihn nicht.
Metellus.
Giebts keine Stimme, würdiger als meine,

Die süßer tön' im Ohr des großen Cäsar,
Für des verbannten Bruders Wiederkehr.
Brutus.
Ich küsse deine Hand, doch nicht als Schmeichler,
Und bitte, Cäsar, daß dem Publius Cimber
Die Rückberufung gleich bewilligt werde.
Cäsar.
Wie? Brutus!
Cassius.
Gnade, Cäsar! Cäsar, Gnade!
Auch Cassius fällt tief zu Füßen dir,
Begnadigung für Cimber zu erbitten.
Cäsar.
Ich ließe wohl mich rühren, glich' ich euch:
Mich rührten Bitten, bät' ich um zu rühren.
Doch ich bin standhaft wie des Nordens Stern,
Deß unverrückte, ewig stäte Art
Nicht ihres Gleichen hat am Firmament.
Der Himmel prangt mit Funken ohne Zahl,
Und Feuer sind sie all' und jeder leuchtet
Doch Einer nur behauptet seinen Stand.
So in der Welt auch: sie ist voll von Menschen,
Und Menschen sind empfindlich, Fleisch und Blut;
Doch in der Menge weiß ich Einen nur,
Der unbesiegbar seinen Platz bewahrt,
Vom Andrang unbewegt; daß ich der bin,
Auch hierin laßt es mich ein wenig zeigen,

Daß ich auf Cimbers Banne fest bestand.
Und drauf besteh', daß er im Banne bleibe.
Cinna.
O Cäsar!
Cäsar.
Fort, sag' ich! Willst du den Olymp versetzen?
Decius.
Erhabner Cäsar! —
Cäsar.
Knie't nicht Brutus auch umsonst?
Casca.
Dann, Hände, sprecht für mich!

Casca sticht Cäsarn mit dem Dolch in den Nacken. Cäsar fällt ihm in den Arm. Er wird alsdann von verschiednen andern Verschwornen und zuletzt vom Marcus Brutus mit Dolchen durchstochen.

Cäsar.
Brutus, auch du? — So falle, Cäsar.

Er stirbt. Die Senatoren und das Volk fliehen bestürzt.

Cinna.
Befreyung! Freyheit! Die Tyranney ist todt!
Lauft fort! verkündigt! ruft es durch die Gassen!
Cassius.
Hin zu der Rednerbühne! Rufet aus:
Befreyung! Freyheit! Wiederherstellung!
Brutus.
Seyd nicht erschrocken, Volk und Senatoren!
Flieht nicht! steht still! Die Ehrsucht hat gebüßt

Casca.

Geht auf die Rednerbühne, Brutus.

Decius.

Ihr, Cassius, auch.

Brutus.

Wo ist Publius?

Cinna.

Hier, ganz betroffen über diesen Aufruhr.

Metellus.

Steht dicht beysammen, wenn ein Freund des Cäsar
Etwa —

Brutus.

Sprecht nicht von stehen! — Publius, getrost!
Wir haben nicht im Sinn, euch Leid zu thun,
Auch keinem Römer sonst: sagt ihnen das.

Cassius.

Und geht nur, Publius, damit das Volk,
Das uns bestürmt, nicht euer Alter kränke.

Brutus.

Thut das; und niemand steh' für diese That
Als wir, die Thäter.

Trebonius kommt zurück.

Cassius.

Wo ist Mark Anton?

Trebonius.

Er floh bestürzt nach Haus, und Männer, Weiber

Und Kinder blicken starr, und schreyn, und laufen,
Als wär' der jüngste Tag.
Brutus.
Schicksal! wir wollen sehn, was dir geliebt.
Wir wissen, daß wir sterben werden; Frist
Und Zeitgewinn nur ist der Menschen Trachten.
Cassius.
Ja, wer dem Leben zwanzig Jahre raubt,
Der raubt der Todesfurcht so viele Jahre.
Brutus.
Gesteht das ein, und Wohlthat ist der Tod.
So sind wir Cäsars Freunde, die wir ihm
Die Todesfurcht verkürzten. Bückt euch, Römer!
Laßt unsre Händ' in Cäsars Blut uns baden
Bis an die Ellenbogen! Färbt die Schwerter!
So treten wir hinaus bis auf den Markt,
Und, über'm Haupt die rothen Waffen schwingend,
Ruft alle dann: Erlösung! Friede! Freyheit!
Cassius.
Bückt euch und taucht! In wie entfernter Zeit
Wird man dieß hohe Schauspiel wiederhohlen,
In neuen Zungen und mit fremdem Pomp!
Brutus.
Wie oft wird Cäsar noch zum Spiele bluten,
Der jetzt am Fußgestell Pompejus liegt,
Dem Staube gleich geachtet!
Cassius.
        So oft als das geschieht.

Wird man auch unsern Bund, die Männer nennen,
Die Freyheit wiedergaben ihrem Land.
Decius.
Nun sollen wir hinaus?
Cassius.
Ja, alle fort,
Brutus voran, und seine Tritte zieren
Wir mit den kühnsten, besten Herzen Roms.
Ein Diener kommt.
Brutus.
Doch still! wer kommt? Ein Freund des Mark
Anton.
Diener.
So, Brutus, hieß mich mein Gebieter knie'n,
So hieß Antonius mich niederfallen,
Und tief im Staube hieß er so mich reden:
Brutus ist edel, tapfer, weiß und redlich,
Cäsar war groß, kühn, königlich und gütig.
Sprich: Brutus lieb' ich und ich ehr' ihn auch.
Sprich: Cäsarn fürchtet' ich, ehrt' ihn und liebt' ihn.
Will Brutus nur gewähren, daß Anton
Ihm sicher nahen und erforschen dürfe,
Wie Cäsar solche Todesart verdient,
So soll dem Mark Anton der todte Cäsar
So theuer nicht als Brutus lebend seyn;
Er will vielmehr dem Loos und der Parten
Des edlen Brutus unter den Gefahren

Der wankenden Verfassung treulich folgen.
Dieß sagte mein Gebieter, Mark Anton.
Brutus.
Und dein Gebieter ist ein wackrer Römer,
So achtet' ich ihn stets.
Sag, wenn es ihm geliebt hieher zu kommen,
So steh' ich Red' ihm, und bey meiner Ehre,
Entlaß' ihn ungekränkt.
Diener.
Ich hohl ihn gleich. *ab.*
Brutus.
Ich weiß, wir werden ihn zum Freunde haben.
Cassius.
Ich wünsch' es, doch es wohnt ein Sinn in mir,
Der sehr ihn fürchtet; und mein Unglücksahnden
Trifft immer ein aufs Haar.

Antonius kommt zurück.

Brutus.
Hier kommt Antonius ja. — Willkommen, Mark
Anton!
Antonius.
O großer Cäsar! liegst du so im Staube?
Sind alle deine Siege, Herrlichkeiten,
Triumphe, Beuten, eingesunken nun
In diesen kleinen Raum? — Gehab dich wohl! —
Ich weiß nicht, edle Herrn, was ihr gedenkt,

Wer sonst noch bluten muß, wer reif zum Fall.
Wofern ich selbst, kann keine Stunde besser
Als Cäsars Todesstunde, halb so kostbar
Kein Werkzeug seyn, als diese eure Schwerter,
Geschmückt mit Blut, dem edelsten der Welt.
Ich bitt' euch, wenn ihr's feindlich mit mir meynt,
Jetzt da noch eure Purpurhände dampfen,
Büßt eure Lust. Und lebt' ich tausend Jahre,
Nie werd' ich so bereit zum Tod mich fühlen;
Kein Ort gefällt mir so, kein Weg zum Tode,
Als hier beym Cäsar fallen, und durch euch,
Die ersten Heldengeister unsrer Zeit.

     Brutus.
O Mark Anton! begehrt nicht euren Tod.
Wir müssen blutig zwar und grausam scheinen,
Wie unsre Händ' und die geschehne That
Uns zeigen: doch ihr seht die Hände nur,
Und dieses blut'ge Werk, so sie vollbracht;
Nicht unsre Herzen: sie sind mitleidsvoll,
Und Mitleid gegen Roms gesammte Noth
(Wie Feuer Feuer löscht, so Mitleid Mitleid)
Verübt' an Cäsarn dieß. Was euch betrifft,
Für euch sind unsre Schwerter stumpf, Anton.
Seht, unsre Arme, Trotz verübter Tücke,
Und unsre Herzen, brüderlich gesinnt,
Empfangen euch mit aller Innigkeit,
Mit redlichen Gedanken und mit Achtung.

Cassius.
Und eure Stimme soll so viel als jede
Bey der Vertheilung neuer Würden gelten.
Brutus.
Seyd nur geduldig, bis wir erst das Volk
Beruhigt, das vor Furcht sich selbst nicht kennt.
Dann legen wir den Grund euch dar, weswegen
Ich, der den Cäsar liebt', als ich ihn schlug,
Also verfahren.
Antonius.
Ich bau' auf eure Weisheit.
Mir reiche jeder seine blut'ge Hand.
Erst, Marcus Brutus, schütteln wir sie uns;
Dann, Cajus Cassius, fass' ich eure Hand;
Nun eure, Decius Brutus; eure, Cinna;
Metellus, eure nun; mein tapfrer Casca,
Die eure; reicht, Trebonius, eure mir,
Zuletzt, doch nicht der letzte meinem Herzen.
Ach, all' ihr edlen Herrn! was soll ich sagen?
Mein Ansehn steht jetzt auf so glattem Boden,
Daß ich euch eines von zwey schlimmen Dingen,
Ein Feiger oder Schmeichler scheinen muß.
Daß ich dich liebte, Cäsar, o, es ist wahr!
Wofern dein Geist jetzt niederblickt auf uns,
Wirds dich nicht kränken, bittrer als dein Tod,
Zu sehn, wie dein Antonius Frieden macht,
Und deiner Feinde blut'ge Hände drückt,

Du Edelster, in deines Leichnams Nähe?
Hätt' ich so manches Aug' als Wunden du,
Und jedes strömte Thränen, wie sie Blut;
Das ziemte besser mir als einen Bund
Der Freundschaft einzugehn mit deinen Feinden.
Verzeih mir, Julius! — Du edler Hirsch,
Hier wurdest du erjagt, hier fielest du;
Hier stehen deine Jäger, mit den Zeichen
Des Mordes, und von deinem Blut bepurpurt.
O Welt! du warst der Wald für diesen Hirsch,
Und er, o Welt! war seines Waldes Stolz. —
Wie ähnlich einem Wild, von vielen Fürsten
Geschossen, liegst du hier!

     Cassius.
Antonius —

     Antonius.
   Verzeiht mir, Cajus Cassius;
Dieß werden selbst die Feinde Cäsars sagen,
An einem Freund' ists kalte Mäßigung.

     Cassius.
Ich tadl' euch nicht, daß ihr den Cäsar preist;
Allein, wie denkt ihr euch mit uns zu stehen?
Seyd ihr von unsern Freunden? oder sollen
Wir vorwärts dringen, ohn' auf euch zu baun?

     Antonius.
Deswegen faßt' ich eure Hände, nur
Vergaß ich mich, als ich auf Cäsarn blickte.

Ich bin euch allen Freund, und lieb' euch alle,
In Hoffnung, eure Gründe zu vernehmen,
Wie und warum gefährlich Cäsar war.
                Brutus.
Ja wohl, sonst wär' dieß ein unmenschlich Schau-
                spiel.
Und unsre Gründe sind so wohl bedacht,
Wärt ihr der Sohn des Cäsar, Mark Anton,
Sie gnügten euch.
                Antonius.
                    Das such' ich einzig ja.
Auch halt' ich an um die Vergünstigung,
Den Leichnam auszustellen auf dem Markt,
Und auf der Bühne, wie's dem Freunde ziemt,
Zu reden bey der Feyer der Bestattung.
                Brutus.
Das mögt ihr, Mark Anton.
                Cassius.
            Brutus, ein Wort mit euch!
                            beyseite.
Ihr wißt nicht, was ihr thut: gestattet nicht
Daß ihm Antonius die Rede halte.
Wißt ihr, wie sehr das Volk durch seinen Vortrag
Sich kann erschüttern lassen?
                Brutus.
                    Nein, verzeiht.
Ich selbst betrete erst die Bühn', und lege

                            Von

Von unsers Cäsars Tod die Gründe dar.
Was dann Antonius sagen wird, erklär' ich
Gescheh' erlaubt und mit Bewilligung;
Es sey uns recht, daß Cäsar jeder Ehre
Theilhaftig werde, so die Sitte heiligt.
Dieß wird uns mehr Gewinn als Schaden bringen.
Cassius.
Wer weiß, was vorfällt? Ich bin nicht dafür.
Brutus.
Hier, Mark Anton, nehmt ihr die Leiche Cäsars.
Ihr sollt uns nicht in eurer Rede tadeln,
Doch sprecht von Cäsarn gutes nach Vermögen,
Und sagt, daß ihr's mit unserm Willen thut.
Sonst sollt ihr gar mit dem Begängniß nichts
Zu schaffen haben. Auf derselben Bühne,
Zu der ich jezo gehe, sollt ihr reden,
Wenn ich zu reden aufgehört.
Antonius.
So sey's,
Ich wünsche weiter nichts.
Brutus.
Bereitet denn die Leich' und folget uns.

Alle bis auf Antonius ab.
Antonius.
O du, verzeih' mir, blutend Stückchen Erde!
Daß ich mit diesen Schlächtern freundlich that.
Du bist der Rest des edelsten der Männer

F

Der jemals lebt' im Wechsellauf der Zeit.
Weh! weh der Hand, die dieses Blut vergoß!
Jetzt prophezey' ich über deinen Wunden,
Die ihre Purpurlippen öffnen, stumm
Von meiner Zunge Stimm' und Wort erflehend:
Ein Fluch wird fallen auf der Menschen Glieder,
Und innre Wuth und wilder Bürgerzwist
Wird ängsten alle Theil' Italiens.
Verheerung, Mord, wird so zur Sitte werden,
Und so gemein das Furchtbarste, daß Mütter
Nur lächeln, wenn sie ihre zarten Kinder
Geviertheilt von des Krieges Händen sehn.
Die Fertigkeit in Gräueln würgt das Mitleid;
Und Cäsars Geist, nach Rache jagend, wird,
Zur Seit' ihm Ate, heiß der Höll' entstiegen,
In diesen Gränzen mit des Herrschers Ton
Mord rufen, und des Krieges Hund' entfesseln,
Daß diese Schandthat auf der Erde stinke
Von Menschenaas, das um Bestattung ächzt.

       Ein Diener kommt.

Ihr dienet dem Octavius Cäsar? nicht?

    Diener.

Ja, Mark Anton.

    Antonius.

Cäsar beschied ihn schriftlich her nach Rom.

    Diener.

Die Brief empfing er und ist unterwegs;

Und mündlich hieß er mich an euch bestellen —
Er erblickt den Leichnam Cäsars.

O Cäsar!
Antonius.

Dein Herz ist voll, geh auf die Seit' und weine.
Ich sehe, Leid steckt an: denn meine Augen,
Da sie des Grames Perlen sahn in deinen,
Begannen sie zu fließen. — Kommt dein Herr?
Diener.

Er bleibt zu Nacht von Rom nur sieben Meilen.
Antonius.

Reit schnell zurück und meld' ihm, was geschehn.
Hier ist ein Rom voll Trauer und Gefahr,
Kein sichres Rom noch für Octavius.
Eil hin und sag' ihm das! — Nein, warte noch!
Du sollst nicht fort, bevor ich diese Leiche
Getragen auf den Markt, und meine Rede
Das Volk geprüft, wie dieser blut'gen Männer
Unmenschliches Beginnen ihm erscheint.
Und dem gemäß sollst du dem jungen Cäsar
Berichten, wie allhier die Dinge stehn.
Leih deinen Arm mir.
Bende ab mit Cäsars Leiche.

Zweyte Szene.
Das Forum.

Brutus und Cassius kommen mit einem Haufen
Volks.

Bürger.
Wir wollen Rechenschaft, legt Rechenschaft uns ab!
Brutus.
So folget mir und gebt Gehör mir, Freunde. —
Ihr, Cassius, geht in eine andre Straße
Und theilt die Haufen —
Wer mich will reden hören, bleibe hier;
Wer Cassius folgen will, der geh' mit ihm.
Wir wollen öffentlich die Gründ' erklären
Von Cäsars Tod.
Erster Bürger.
      Ich will den Brutus hören.
Zweyter Bürger.
Den Cassius ich: so können wir die Gründe
Vergleichen, wenn wir beyde angehört.

*Cassius mit einigen Bürgern ab. Brutus be-
steigt die Rostra.*
Dritter Bürger.
Der edle Brutus steht schon oben: still!

Brutus.

Seyd ruhig bis zum Schluß.

Römer! Mitbürger! Freunde! Hört mich meine Sache führen, und seyd still, damit ihr hören möget. Glaubt mir um meiner Ehre willen, und hegt Achtung vor meiner Ehre, damit ihr glauben mögt. Richtet mich nach eurer Weisheit, und weckt eure Sinne, um desto besser urtheilen zu können. Ist jemand in dieser Versammlung, irgend ein herzlicher Freund Cäsars, dem sage ich: des Brutus Liebe zum Cäsar war nicht geringer als seine. Wenn dieser Freund dann fragt, warum Brutus gegen Cäsar aufstand, ist dieß meine Antwort: nicht, weil ich Cäsarn weniger liebte, sondern weil ich Rom mehr liebte. Wolltet ihr lieber, Cäsar lebte und ihr stürbet alle als Sklaven, als daß Cäsar todt ist, damit ihr alle lebet wie freye Männer? Weil Cäsar mich liebte, wein' ich um ihn; weil er glücklich war, freue ich mich; weil er tapfer war, ehr' ich ihn; aber weil er herrschsüchtig war, erschlug ich ihn. Also Thränen für seine Liebe, Freude für sein Glück, Ehre für seine Tapferkeit, und Tod für seine Herrschsucht. Wer ist hier so niedrig gesinnt, daß er ein Knecht seyn möchte? Ist es jemand, er rede, denn ihn habe ich beleidigt. Wer ist hier so roh, daß er nicht wünschte, ein Römer zu seyn? Ist es jemand, er rede, denn ihn habe ich beleidigt. Ich halte inne, um Antwort zu hören.

Bürger. *Verschiedne Stimmen auf einmal.*
Niemand, Brutus, niemand.

Brutus.

Dann habe ich niemand beleidigt. Ich that Cäsarn nichts, als was ihr dem Brutus thun würdet. Die Untersuchung über seinen Tod ist im Capitol aufgezeichnet: sein Ruhm nicht geschmälert, wo er Verdienste hatte, seine Vergehen nicht übertrieben, für die er den Tod gelitten.

Antonius und Andre treten auf mit Cäsars Leiche.
Hier kommt seine Leiche, vom Mark Anton betrauert, der, ob er schon keinen Theil an seinem Tode hatte, die Wohlthat seines Sterbens, einen Platz im gemeinen Wesen, genießen wird. Wer von euch wird es nicht? Hiermit trete ich ab: wie ich meinen besten Freund für das Wohl Roms erschlug, so habe ich denselben Dolch für mich selbst, wenn es dem Vaterlande gefällt, meinen Tod zu bedürfen.

Bürger.

Lebe, Brutus! lebe! lebe!

Erster Bürger.

Begleitet mit Triumph ihn in sein Haus.

Zweyter Bürger.

Stellt ihm ein Bildniß auf bei seinen Ahnen.

Dritter Bürger.
Er werde Cäsar.
Vierter Bürger.
Im Brutus krönt ihr Cäsars beßre Gaben.
Erster Bürger.
Wir bringen ihn zu Haus mit lautem Jubel.
Brutus.
Mitbürger —
Zweyter Bürger.
Schweigt doch! stille! Brutus spricht.
Erster Bürger.
Still da!
Brutus.
Ihr guten Bürger, laßt allein mich gehn:
Bleibt mir zu Liebe hier beym Mark Anton.
Ehrt Cäsars Leiche, ehret seine Rede,
Die Cäsars Ruhm verherrlicht: dem Antonius
Gab unser Will' Erlaubniß, sie zu halten.
Ich bitt' euch, keiner gehe fort von hier
Als ich allein, bis Mark Anton gesprochen.   ab.
Erster Bürger.
He, bleibt doch! Hören wir den Mark Anton.
Dritter Bürger.
Laßt ihn hinaufgehn auf die Rednerbühne.
Ja, hört ihn! Edler Mark Anton, hinauf!
Antonius.
Um Brutus willen bin ich euch verpflichtet.

Vierter Bürger.

Was sagt er da vom Brutus?

Dritter Bürger.

Er sagt, um Brutus willen find' er sich
Uns insgesamt verpflichtet.

Vierter Bürger.

Er thäte wohl,
Dem Brutus hier nichts übles nachzureden.

Erster Bürger.

Der Cäsar war ein Tyrann.

Dritter Bürger.

Ja, das ist sicher.
Es ist ein Glück für uns, daß Rom ihn los ward.

Vierter Bürger.

Still! Hört doch, was Antonius sagen kann!

Antonius.

Ihr edlen Römer —

Bürger.

Still da! hört ihn doch!

Antonius.

Mitbürger! Freunde! Römer! hört mich an:
Begraben will ich Cäsarn, nicht ihn preisen.
Was Menschen übles thun, das überlebt sie,
Das Gute wird mit ihnen oft begraben.
So sey es auch mit Cäsarn! Der edle Brutus
Hat euch gesagt, daß er voll Herrschsucht war;
Und war er das, so war's ein schwer Vergehen,

Und schwer hat Cäsar auch dafür gebüßt.
Hier, mit des Brutus Willen und der Andern,
(Denn Brutus ist ein ehrenwerther Mann,
Das sind sie alle, alle ehrenwerth)
Komm' ich bey Cäsars Leichenzug zu reden.
Er war mein Freund, war mir gerecht und treu,
Doch Brutus sagt, daß er voll Herrschsucht war,
Und Brutus ist ein ehrenwerther Mann.
Er brachte viel Gefangne heim nach Rom,
Wofür das Lösegeld den Schatz gefüllt.
Sah das der Herrschsucht wohl am Cäsar gleich?
Wenn Arme zu ihm schrie'n, so weinte Cäsar:
Die Herrschsucht sollt' aus härterm Stoff bestehn.
Doch Brutus sagt, daß er voll Herrschsucht war,
Und Brutus ist ein ehrenwerther Mann.
Ihr alle saht, wie am Lupercus-Fest
Ich dreymal ihm die Königskrone bot,
Die dreymal er geweigert.   War das Herrschsucht?
Doch Brutus sagt, daß er voll Herrschsucht war,
Und ist gewiß ein ehrenwerther Mann.
Ich will, was Brutus sprach, nicht widerlegen,
Ich spreche hier von dem nur, was ich weiß.
Ihr liebtet all' ihn einst nicht ohne Grund:
Was für ein Grund wehrt euch, um ihn zu trauern?
O Urtheil, du entflohst zum blöden Vieh,
Der Mensch ward unvernünftig! — Habt Geduld!
Mein Herz ist in dem Sarge hier beym Cäsar,
Und ich muß schweigen, bis es mir zurückkommt.

Erster Bürger.
Mich dünkt, in seinen Reden ist viel Grund.
Zweyter Bürger.
Wenn man die Sache recht erwägt, ist Cäsarn
Groß Unrecht widerfahren.
Dritter Bürger.
Meynt ihr, Bürger?
Ich fürcht', ein Schlimm'rer kommt an seine Stelle.
Vierter Bürger.
Habt ihr gehört? Er nahm die Krone nicht,
Da sieht man, daß er nicht herrschsüchtig war.
Erster Bürger.
Wenn dem so ist, so wird es manchem theuer
Zu stehen kommen.
Zweyter Bürger.
Ach, der arme Mann!
Die Augen sind ihm feuerroth vom Weinen.
Dritter Bürger.
Antonius ist der bravste Mann in Rom.
Vierter Bürger.
Gebt Acht, er fängt von neuem an zu reden.
Antonius.
Noch gestern hätt' umsonst dem Worte Cäsars
Die Welt sich widersetzt: nun liegt er da,
Und der Geringste neigt sich nicht vor ihm.
O Bürger! strebt' ich, Herz und Muth in euch
Zur Wuth und zur Empörung zu entflammen,

So thät' ich Caſſius und Brutus Unrecht,
Die ihr als ehrenwerthe Männer kennt.
Ich will nicht ihnen Unrecht thun, will lieber
Den Todten Unrecht thun, mir ſelbſt und euch,
Als ehrenwerthen Männern, wie ſie ſind.
Doch ſeht dieß Pergament mit Cäſars Siegel;
Ich fands bey ihm, es iſt ſein letzter Wille.
Vernähme nur das Volk dieß Teſtament,
(Das ich, verzeiht mir, nicht zu leſen denke)
Sie gingen hin und küßten Cäſars Wunden,
Und tauchten Tücher in ſein heil'ges Blut,
Ja bäten um ein Haar zum Angedenken,
Und ſterbend nennten ſie 's im Teſtament,
Und hinterließen 's ihres Leibes Erben
Zum köſtlichen Vermächtniß.

Vierter Bürger.

Wir wollen's hören: leſt das Teſtament!
Leſt, Mark Anton.

Bürger.

Ja ja, das Teſtament!
Laßt Cäſars Teſtament uns hören.

Antonius.

Seyd ruhig, lieben Freund'! Ich darfs nicht leſen,
Ihr müßt nicht wiſſen, wie euch Cäſar liebte.
Ihr ſeyd nicht Holz, nicht Stein, ihr ſeyd ja Men-
ſchen;
Drum, wenn ihr Cäſars Teſtament erführt,

Es setzt' in Flammen euch, es macht' euch rasend.
Ihr dürft nicht wissen, daß ihr ihn beerbt,
Denn wüßtet ihrs, was würde draus entstehn?
Bürger.
Lest das Testament! Wir wollen's hören, Mark
Anton.
Lest das Testament! Cäsars Testament!
Antonius.
Wollt ihr euch wohl gedulden? wollt ihr warten?
Ich übereilte mich, da ichs euch sagte.
Ich fürcht', ich thu' den ehrenwerthen Männern
Zu nah, von deren Dolchen Cäsar fiel;
Ich fürcht' es.
Vierter Bürger.
Sie sind Verräther: ehrenwerthe Männer!
Bürger.
Das Testament! Das Testament!
Zweyter Bürger.
Sie waren Bösewichter, Mörder! Das Testament!
lest das Testament!
Antonius.
So zwingt ihr mich, das Testament zu lesen?
Schließt einen Kreis um Cäsars Leiche denn,
Ich zeig' euch den, der euch zu Erben machte.
Erlaubt ihr mir's? soll ich hinuntersteigen?
Bürger.
Ja, kommt nur!

Zweyter Bürger.

Steigt herab!

Er verläßt die Rednerbühne.

Dritter Bürger.

Es ist euch gern erlaubt.

Vierter Bürger.

Schließt einen Kreis herum.

Erster Bürger.

Zurück vom Sarge! von der Leiche weg!

Zweyter Bürger.

Platz für Antonius! für den edlen Antonius!

Antonius.

Nein, drängt nicht so heran! Steht weiter weg!

Bürger.

Zurück! Platz da! zurück!

Antonius.

Wofern ihr Thränen habt, bereitet euch
Sie jetzo zu vergießen. Diesen Mantel,
Ihr kennt ihn alle; noch erinnr' ich mich
Des ersten Males, daß ihn Cäsar trug,
In seinem Zelt, an einem Sommerabend —
Er überwand den Tag die Nervier —
Hier, schauet! fuhr des Cassius Dolch herein;
Seht, welchen Riß der tück'sche Casca machte!
Hier stieß der vielgeliebte Brutus durch.
Und als er den verfluchten Stahl hinwegriß,
Schaut her, wie ihm das Blut des Cäsar folgte,

Als stürzt' es vor die Thür, um zu erfahren,
Ob wirklich Brutus so unfreundlich klopfte.
Denn Brutus, wie ihr wißt, war Cäsars Engel. —
Ihr Götter, urtheilt, wie ihn Cäsar liebte!
Kein Stich von allen schmerzte so wie der.
Denn als der edle Cäsar Brutus sah,
Warf Undank, stärker als Verrätherwaffen,
Ganz nieder ihn: da brach sein großes Herz,
Und in den Mantel sein Gesicht verhüllend,
Grad am Gestell der Säule des Pompejus,
Von der das Blut rann, fiel der große Cäsar.
O meine Bürger, welch ein Fall war das!
Da fielet ihr und ich; wir alle fielen
Und über uns frohlockte blut'ge Tücke.
O ja! nun weint ihr, und ich merk', ihr fühlt
Den Drang des Mitleids: dieß sind milde Tropfen.
Wie? weint ihr, gute Herzen, seht ihr gleich
Nur unsers Cäsars Kleid verletzt? Schaut her!
Hier ist er selbst, geschändet von Verräthern.

Erster Bürger.

O kläglich Schauspiel!

Zweyter Bürger.

O edler Cäsar!

Dritter Bürger.

O jammervoller Tag!

Vierter Bürger.

O Buben und Verräther!

Erster Bürger.
O blut'ger Anblick!
Zwenter Bürger.
Wir wollen Rache, Rache! Auf und sucht!
Sengt! brennt! schlagt! mordet! laßt nicht Einen
leben!

Antonius.
Seyd ruhig, meine Bürger!
Erster Bürger.
Still da! Hört den edlen Antonius!
Zwenter Bürger.
Wir wollen ihn hören, wir wollen ihm folgen, wir
wollen für ihn sterben.
Antonius.
Ihr guten lieben Freund', ich muß euch nicht
Hinreißen zu des Aufruhrs wildem Sturm.
Die diese That gethan, sind ehrenwerth.
Was für Beschwerden sie persönlich führen,
Warum sie's thaten, ach! das weiß ich nicht.
Doch sind sie weis und ehrenwerth, und werden
Euch sicherlich mit Gründen Rede stehn.
Nicht euer Herz zu stehlen komm' ich, Freunde:
Ich bin kein Redner, wie es Brutus ist,
Nur, wie ihr alle wißt, ein schlichter Mann,
Dem Freund' ergeben, und das wußten die
Gar wohl, die mir gestattet hier zu reden.
Ich habe weder schriftliches noch Worte,

Noch Würd' und Vortrag, noch die Macht der
Rede,
Der Menschen Blut zu reizen; nein, ich spreche
Nur gradezu, und sag' euch, was ihr wißt.
Ich zeig' euch des geliebten Cäsars Wunden,
Die armen stummen Munde, heiße die
Statt meiner reden. Aber wär' ich Brutus,
Und Brutus Mark Anton, dann gäb' es einen
Der eure Geister schürt', und jeder Wunde
Des Cäsar eine Zunge lieh, die selbst
Die Steine Roms zum Aufstand würd' empören.
    Dritter Bürger.
Empörung!
    Erster Bürger.
  Steckt des Brutus Haus in Brand.
    Dritter Bürger.
Hinweg denn! kommt, sucht die Verschwornen auf!
    Antonius.
Noch hört mich, meine Bürger, hört mich an!
    Bürger.
Still da! Hört Mark Anton! den edlen Mark
Anton!
    Antonius.
Nun, Freunde, wißt ihr selbst auch, was ihr thut?
Wodurch verdiente Cäsar eure Liebe?
Ach nein! ihr wißt nicht. — Hört es denn! Vergessen
Habt ihr das Testament, wovon ich sprach.
    Bürger.

Bürger.

Wohl wahr! Das Testament! Bleibt, hört das Testament!

Antonius.

Hier ist das Testament mit Cäsars Siegel.
Darin vermacht er jedem Bürger Roms,
Auf jeden Kopf euch fünf und siebzig Drachmen.

Zwenter Bürger.

O edler Cäsar! — Kommt, rächt seinen Tod!

Dritter Bürger.

O königlicher Cäsar!

Antonius.

Hört mich mit Geduld!

Bürger.

Still da!

Antonius.

Auch läßt er alle seine Lustgehege,
Verschloßne Lauben, neugepflanzte Gärten,
Diesseits der Tiber, euch und euren Erben
Auf ew'ge Zeit, damit ihr euch ergehn,
Und euch gemeinsam dort ergötzen könnt.
Das war ein Cäsar: wann kommt seines Gleichen?

Erster Bürger.

Nimmer! nimmer! — Kommt! hinweg! hinweg!
Verbrennt den Leichnam auf dem heil'gen Platze,
Und mit den Bränden zündet den Verräthern
Die Häuser an. Nehmt denn die Leiche auf!

G

Zwenter Bürger.
Geht! hohlt Feuer!
Dritter Bürger.
Reißt Bänke ein!
Vierter Bürger.
Reißt Sitze, Läden, alles ein!

Die Bürger mit Cäsars Leiche ab.

Antonius.
Nun wirk' es fort. Unheil, du bist im Zuge:
Nimm, welchen Lauf du willst! —

Ein Diener kommt.

Was bringst du, Bursch?

Diener.
Herr, Octavius ist schon nach Rom gekommen.

Antonius.
Wo ist er?

Diener.
Er und Lepidus sind in Cäsars Hause.

Antonius.
Ich will sofort dahin, ihn zu besuchen,
Er kommt erwünscht. Das Glück ist aufgeräumt,
Und wird in dieser Laun' uns nichts versagen.

Diener.
Ich hört' ihn sagen, Cassius und Brutus
Seyn durch die Thore Roms wie toll geritten.

Antonius.
Vielleicht vernahmen sie vom Volke Kundschaft,

Wie ich es aufgewiegelt. Führ' indeß
Mich zum Octavius. *Beyde ab.*

Dritte Szene.
Eine Straße.
———

Cinna der Poet tritt auf.

Cinna.
Mir träumte heut, daß ich mit Cäsarn schmauste,
Und Misgeschick füllt meine Phantasie.
Ich bin unlustig aus dem Hauß zu gehn,
Doch treibt es mich heraus.

Bürger kommen

Erster Bürger.
Wie ist euer Nahme?
Zweyter Bürger.
Wo geht ihr hin?
Dritter Bürger.
Wo wohnt ihr?
Vierter Bürger.
Seyd ihr verheyrathet oder ein Junggesell?

G 2

Zweyter Bürger.
Antwortet jedem unverzüglich.
Erster Bürger.
Ja, und kürzlich.
Vierter Bürger.
Ja, und weislich.
Dritter Bürger.
Ja, und ehrlich, das rathen wir euch.
Cinna.
Wie ist mein Nahme? Wohin gehe ich? Wo wohne ich? Bin ich verheyrathet oder ein Junggesell? Also um jedem Manne unverzüglich, und kürzlich, weislich und ehrlich zu antworten, sage ich weislich: ich bin ein Junggesell.
Zweyter Bürger.
Das heißt so viel: wer heyrathet ist ein Narr. Dafür denke ich euch eins zu versetzen. — Weiter, unverzüglich!
Cinna.
Unverzüglich gehe ich zu Cäsars Bestattung.
Erster Bürger.
Als Freund oder Feind?
Cinna.
Als Freund.
Zweyter Bürger.
Das war unverzüglich beantwortet.
Vierter Bürger.
Eure Wohnung, kürzlich!

Cinna.
Kürzlich, ich wohne beym Kapitol.
Dritter Bürger.
Euer Nahme, Herr! ehrlich!
Cinga.
Ehrlich, mein Name ist Cinna.
Erster Bürger.
Reißt ihn in Stücke! Er ist ein Verschworner.
Cinna.
Ich bin Cinna der Poet! Ich bin Cinna der Poet!
Vierter Bürger.
Zerreißt ihn für seine schlechten Verse! Zerreißt ihn für seine schlechten Verse!
Cinna.
Ich bin nicht Cinna der Verschworne.
Vierter Bürger.
Es thut nichts, sein Nähme ist Cinna; reißt ihm den Namen aus dem Herzen und laßt ihn laufen.
Dritter Bürger.
Zerreißt ihn! zerreißt ihn! Kommt, Brändel Heda, Feuerbrände! Zum Brutus! zum Cassius! Steckt alles in Brand! Ihr zu des Decius Hause! Ihr zu des Casca! Ihr zu des Ligarius! Fort! kommt!

Alle ab.

Vierter Aufzug.

Erste Szene.

Rom. Ein Zimmer im Hause des Antonius.

Antonius, Octavius und Lepidus, an einem Tische sitzend.

Antonius.
Die müssen also sterben, deren Nahmen
Hier angezeichnet stehn.
Octavius.
Auch euer Bruder
Muß sterben, Lepidus. Ihr willigt drein?
Lepidus.
Ich will'ge drein.
Octavius.
Zeichn' ihn, Antonius.
Lepidus.
Mit dem Beding, daß Publius nicht lebe,
Der eurer Schwester Sohn ist, Mark Anton.

Antonius.
Er lebe nicht: sieh hier, ein Strich verdammt ihn.
Doch, Lepidus, geht ihr zu Cäsars Haus,
Bringt uns sein Testament: wir wollen sehn,
Was an Vermächtnissen sich kürzen läßt.
Lepidus.
Wie? soll ich hier euch finden?
Octavius.
Hier oder auf dem Capitol.

Lepidus ab.

Antonius.
Dieß ist ein schwacher, unbrauchbarer Mensch,
Zum Bothenlaufen nur geschickt. Verdient er,
Wenn man die dreygetheilte Welt vertheilt,
Daß er, als dritter Mann, sein Theil empfange?
Octavius.
Ihr glaubtet es, und hörtet auf sein Wort,
Wen man im schwarzen Rathe unsrer Acht
Zum Tode zeichnen sollte.
Antonius.
Octavius, ich sah mehr Tag' als ihr,
Ob wir auf diesen Mann schon Ehren häufen,
Um manche Last des Leumunds abzuwälzen,
Er trägt sie doch nur wie der Esel Gold,
Der unter dem Geschäfte stöhnt und schwitzt,
Geführt, getrieben, wie den Weg wir weisen;
Und hat er unsern Schatz wohin wir wollen

Gebracht, dann nehmen wir die Last ihm ab,
Und lassen ihn als led'gen Esel laufen,
Daß er die Ohren schütteln mög' und grasen
Auf offner Weide.
    Octavius.
       Thut, was euch beliebt;
Doch ist er ein geprüfter, wackrer Krieger.
    Antonius.
Das ist mein Pferd ja auch, Octavius,
Dafür bestimm' ich ihm sein Maaß von Futter.
Ists ein Geschöpf nicht, das ich lehre fechten,
Umwenden, halten, grade vorwärts rennen,
Deß körperliches Thun mein Geist regiert?
In manchem Sinn ist Lepidus nichts weiter:
Man muß ihn erst abrichten, lenken, mahnen;
Ein Mensch von dürft'gem Geiste, der sich nährt
Von Gegenständen, Künsten, Nachahmungen,
Die alt und schon von andern abgenutzt
Erst seine Mode werden: sprecht nicht anders
Von ihm als einem Eigenthum. — Und nun,
Octavius, vernehmet große Dinge.
Brutus und Cassius werben Völker an,
Wir müssen ihnen strak's die Spitze bieten.
Drum laßt die Bundsgenossen uns versammeln,
Die Freunde sichern, alle Macht aufbieten;
Und laßt zu Rath uns sitzen alsobald,
Wie man am besten heimliches entdeckt,
Und offnen Fährlichkeiten sicher trotzt.

Octavius.

Das laßt uns thun: denn uns wird aufgelauert,
Und viele Feinde bellen um uns her,
Und manche, so da lächeln, fürcht' ich, tragen
Im Herzen tausend Unheil. *Beyde ab.*

Zweyte Szene.

Vor Brutus Zelte, im Lager nahe bey Sardys.

Die Trommel gerührt. Brutus, Lucilius, Lucius und Soldaten treten auf; Pindarus und Titinius kommen ihnen entgegen.

Brutus.
Halt!
Lucilius.
He! gebt das Wort und haltet.
Brutus.
Was giebts, Lucilius? Ist Cassius nahe?
Lucilius.
Er ist nicht weit, und hier kömmt Pindarus,
Im Nahmen seines Herrn euch zu begrüßen.

Pindarus überreicht dem Brutus einen Brief.

Brutus.
Sein Gruß ist freundlich. Wißt, daß euer Herr,
Von selbst verändert oder schlecht berathen,
Mir gült'gen Grund gegeben, ungeschehn
Geschehenes zu wünschen. Aber ist er
Hier in der Näh', so wird er mir genugthun.
Pindarus.
Ich zweifle nicht, voll Ehr' und Würdigkeit
Wird, wie er ist, mein edler Herr erscheinen.
Brutus.
Wir zweifeln nicht an ihm. — Ein Wort, Lucilius!
Laßt mich erfahren, wie er euch empfing.
Lucilius.
Mit Höflichkeit und Ehrbezeugung gnug,
Doch nicht mit so vertrauter Herzlichkeit,
Nicht mit so freyem, freundlichem Gespräch,
Als er vordem wohl pflegte.
Brutus.
Du beschreibst,
Wie warme Freund' erkälten. Merke stets,
Lucilius, wenn Lieb' erkrankt und schwindet,
Nimmt sie gezwungne Höflichkeiten an.
Einfält'ge schlichte Treu weiß nichts von Künsten;
Doch Gleißner sind wie Pferde, heiß im Anlauf:
Sie prangen schön mit einem Schein von Kraft,
Doch sollen sie den blut'gen Sporn erdulden,
So sinkt ihr Stolz, und falschen Mähren gleich
Erliegen sie der Prüfung. — Naht sein Heer?

Lucilius.
Sie wollten Nachtquartier in Sardes halten.
Der größte Theil, die ganze Reuterey
Kommt mit dem Cassius.

Ein Marsch hinter der Szene.

Brutus.

Horch! er ist schon da.
Rückt langsam ihm entgegen.

Cassius tritt auf mit Soldaten.

Cassius.

Halt!

Brutus.

Halt! Gebt das Befehlswort weiter.

Hinter der Szene: Halt! — Halt! — Halt! —

Cassius.

Ihr thatet mir zu nah, mein edler Brutus.

Brutus.

Ihr Götter, richtet! Thu' ich meinen Feinden,
Zu nah, und sollt' ichs meinem Bruder thun?

Cassius.

Brutus, dieß euer nüchternes Behehmen
Deckt Unrecht zu, und wenn ihr es begeht —

Brutus.

Seyd ruhig, Cassius! bringet leise vor
Was für Beschwerd' ihr habt! — Ich kenn' euch
wohl. —

Im Angesicht der beyden Heere hier,
Die nichts von uns als Liebe sehen sollten,
Laßt uns nicht hadern. Heißt hinweg sie ziehn.
Führt eure Klagen dann in meinem Zelt,
Ich will Gehör euch geben.

Cassius.

Pindarus,

Heißt unsre Obersten ein wenig weiter
Von diesem Platz hinweg die Schaaren führen.

Brutus.

Thut ihr das auch, Lucilius. Laßt niemand,
So lang die Unterredung dauert, ein.
Laßt Lucius und Titinius Wache stehn.

Alle ab.

Dritte Scene.

Im Zelte des Brutus.

Lucius und Titinius in einiger Entfernung davon.

Brutus und Cassius treten auf.

Cassius.

Eu'r Unrecht gegen mich erhellet hieraus:
Ihr habt den Lucius Pella hart verdammt,

Weil er bestochen worden von den Sardern.
Mein Brief, worin ich mich für ihn verwandt,
Weil ich ihn kenne, ward für nichts geachtet.
Brutus.
Ihr thätet euch zu nah, in solchem Fall zu schreiben.
Cassius.
In solcher Zeit wie diese ziemt es nicht,
Daß jeder kleine Fehl bekrittelt werde.
Brutus.
Laßt mich euch sagen, Cassius, daß ihr selbst
Verschrie'n seyd, weil ihr hohle Hände macht,
Weil ihr an Unverdiente eure Aemter
Verkauft und feilschet.
Cassius.
Mach' ich hohle Hände?
Ihr wißt wohl, ihr seyd Brutus, der dieß sagt,
Sonst, bey den Göttern! wär dieß Wort eu'r letztes.
Brutus.
Des Cassius Nahme adelt die Bestechung,
Darum verbirgt die Züchtigung ihr Haupt.
Cassius.
Die Züchtigung!
Brutus.
Denkt an den März! denkt an des Märzen Idus!
Hat um das Recht der große Julius nicht
Geblutet? Welcher Bube legt' an ihn
Die Hand wohl, schwang den Stohl, und nicht
umo Recht?

Wie? soll nun einer, derer, die den ersten
Von allen Männern dieser Welt erschlugen,
Bloß weil er Räuber schützte: sollen wir
Mit schnöden Gaben unsre Hand besudeln?
Und unsrer Würden weiten Kreis verkaufen,
Für so viel Plunders, als man etwa greift?
Ein Hund seyn lieber, und den Mond anbellen,
Als solch ein Römer!
                Cassius.
            Brutus, reizt mich nicht,
Ich will's nicht dulden. Ihr vergeßt euch selbst,
Wenn ihr mich so umzäunt: ich bin ein Krieger,
Erfahrner, älter, fähiger als ihr
Bedingungen zu machen.
                Brutus.
            Redet nur,
Ihr seyd es doch nicht, Cassius.
                Cassius.
            Ich bin's.
                Brutus.
Ich sag', ihr seyd es nicht.
                Cassius.
Drängt mich nicht mehr, ich werde mich vergessen;
Gedenkt an euer Heil, reizt mich nicht länger.
                Brutus.
Geht, leichtgesinnter Mann!
                Cassius.
Ist's möglich?

Brutus.

Hört mich an, denn ich will reden.
Muß ich mich eurer jähen Hitze fügen?
Muß ich erschrecken, wenn ein Toller auffährt?

Cassius.

Ihr Götter! Götter! muß ich all dieß dulden?

Brutus.

All dieß? Noch mehr! Ergrimmt, bis es euch birst,
Das stolze Herz; geht, zeiget euren Sklaven,
Wie rasch zum Zorn ihr seyd, und macht sie zittern.
Muß ich beyseit mich drücken? muß den Hof
Euch machen? Muß ich dastehn und mich krümmen
Vor eurer krausen Laune? Bey den Göttern!
Ihr sollt hinunterwürgen euren Gift,
Und wenn ihr börstet: dann von heute an
Dient ihr zum Scherz, ja zum Gelächter mir,
Wenn ihr euch so gebährdet.

Cassius.

Dahin kam's?

Brutus.

Ihr sagt, daß ihr ein beßrer Krieger seyd:
Beweist es denn, macht euer Prahlen wahr.
Es soll mir lieb seyn; denn, was mich betrifft,
Ich werde gern von edlen Männern lernen.

Cassius.

Ihr thut zu nah, durchaus zu nah mir, Brutus.
Ich sagt', ein ält'rer Krieger, nicht ein beßrer.
Sagt' ich, ein beßrer?

Brutus.
Und hättet ihr's gesagt, mir gilt es gleich.
Cassius.
Mir hätte Cäsar das nicht bieten dürfen.
Brutus.
O schweigt! Ihr durftet ihn auch so nicht reizen.
Cassius.
Ich durfte nicht?
Brutus.
Nein.
Cassius.
Wie? durft' ihn nicht reizen?
Brutus.
Ihr durftet es für euer Leben nicht.
Cassius.
Wagt nicht zu viel auf meine Liebe hin,
Ich möchte thun, was mich nachher gereute.
Brutus.
Ihr habt gethan, was euch gereuen sollte.
Eu'r Drohn hat keine Schrecken, Cassius,
Denn ich bin so bewehrt durch Redlichkeit,
Daß es vorbenzieht wie der leere Wind,
Der nichts mir gilt. Ich sandte hin zu euch
Um eine Summe Golds, die ihr mir abschlngt.
Ich kann kein Geld durch schnöde Mittel heben,
Beym Himmel! lieber prägt' ich ja mein Herz,
Und tröpfelte mein Blut für Drachmen aus,

Als

Als daß ich aus der Bauern harten Händen
Die jämmerliche Habe winnen sollte
Durch irgend einen Schlich. — Ich sandt' um Gold
                    zu euch
Um meine Legionen zu bezahlen:
Ihr schlugt mir's ab: war das, wie Cassius sollte?
Hätt' ich dem Cajus Cassius so erwiedert?
Wenn Marcus Brutus je so geizig wird,
Daß er so lump'ge Pfenninge den Freunden
Verschließt, dann rüstet eure Donnerkeile,
Zerschmettert ihn, ihr Götter!
             Cassius.
Ich schlug es euch nicht ab.
             Brutus.
                    Ihr thatet es.
             Cassius.
Ich that's nicht: der euch meine Antwort brachte,
War nur ein Thor. — Brutus zerreißt mein Herz.
Es sollt' ein Freund des Freundes Schwächen
                    tragen,
Brutus macht meine größer als sie sind.
             Brutus.
Das thu' ich nicht, bis ihr damit mich quält.
             Cassius.
Ihr liebt mich nicht.
             Brutus.
                    Nicht eure Fehler lieb' ich.

H

Cassius.
Nie konnt' ein Freundesaug' dergleichen sehn.
Brutus.
Des Schmeichlers Auge säh' sie nicht, erschienen
Sie auch so riesenhaft wie der Olymp.
Cassius.
Komm, Mark Anton, und kömm, Octavius nur!
Nehmt eure Rach' allein am Cassius,
Denn Cassius ist des Lebens überdrüßig:
Gehaßt von einem, den er liebt; getrotzt
Von seinem Bruder; wie ein Kind gescholten.
Man späht nach allen meinen Fehlern, zeichnet
Sie in ein Denkbuch, lernt sie aus dem Kopf,
Wirft sie mir in die Zähne. — O ich könnte
Aus meinen Augen meine Seele weinen!
Da ist mein Dolch, hier meine nackte Brust;
Ein Herz drin, reicher als des Plutus Schacht,
Mehr werth als Gold: wo du ein Römer bist
So nimms heraus. Ich der dir Gold versagt,
Ich biete dir mein Herz. Stoß zu, wie einst
Auf Cäsar! Denn ich weiß, als du am ärgsten
Ihn haßtest, liebtest du ihn mehr, als je
Du Cassius geliebt.
Brutus.
Steckt euren Dolch ein!
Seyd zornig, wenn ihr wollt: es steh' euch frey!
Thut, was ihr wollt: Schmach soll für Laune gelten.

O Cassius! einem Lamm seyd ihr gesellt,
Das so nur Zorn hegt, wie der Kiesel Feuer,
Der, viel geschlagen, flücht'ge Funken zeigt,
Und gleich drauf wieder kalt ist.
     Cassius.
       Lebt' ich dazu,
Ein Scherz nur und Gelächter meinem Brutus
Zu seyn, wenn Gram und böses Blut mich plagt?
     Brutus.
Als ich das sprach, hatt' ich auch böses Blut.
     Cassius.
Gesteht ihr so viel ein? Gebt mir die Hand!
     Brutus.
Und auch mein Herz.
     Cassius.
       O Brutus!
     Brutus.
       Was verlangt ihr?
     Cassius.
Liebt ihr mich nicht genug, Geduld zu haben,
Wenn jene rasche Laune, von der Mutter
Mir angeerbt, macht, daß ich mich vergesse?
     Brutus.
Ja, Cassius; künftig, wenn ihr allzu streng
Mit eurem Brutus seyd, so denket er,
Die Mutter schmähl' aus euch, und läßt euch gehn.
       Lärm hinter der Szene.

Ein **Poet** hinter der Szene.
Laßt mich hinein, ich muß die Feldherrn sehn.
Ein Zank ist zwischen ihnen: 's ist nicht gut,
Daß sie allein sind.

    Lucilius hinter der Szene.

        Ihr sollt nicht hinein.

    Poet hinter der Szene.
Der Tod nur hält mich ab.

   Der **Poet** tritt herein.

    Cassius.

      Ey nun, was giebts?
   Poet.
Schämt ihr euch nicht, ihr Feldherrn? Was beginnt
      ihr?
Liebt euch, wie sichs für solche Männer schickt:
Fürwahr, ich hab' mehr Jahr' als ihr erblickt.

    Cassius.
Ha ha! wie toll der Cyniker nicht reimt!

    Brutus.
Ihr Schlingel, packt euch! Fort, verwegner Bursch!

    Cassius.
Ertragt ihn, Brutus! seine Weis' ist so.

    Brutus.
Kennt er die Zeit, so kenn' ich seine Laune.
Was soll der Krieg mit solchen Schellennarren?
Geh fort, Gesell!

Cassius.
Fort! fort! geh deines Wegs!
Der Poet ab.

Lucilius und Titinius kommen.

Brutus.
Lucilius und Titinius, heißt die Obersten
Auf Nachtquartier für ihre Schaaren denken.

Cassius.
Kommt selber dann und bringt mit euch Messala
Sogleich zu uns herein.
Lucilius und Titinius ab.

Brutus.
Lucius, eine Schale Weins.

Cassius.
Ich dachte nicht, daß ihr so zürnen könntet.

Brutus.
O Cassius, ich bin krank an manchem Gram.

Cassius.
Ihr wendet die Philosophie nicht an,
Die ihr bekennt, gebt ihr zufäll'gen Übeln Raum.

Brutus.
Kein Mensch trägt Leiden besser. — Portia starb.

Cassius.
Ha! Portia!

Brutus.
Sie ist todt.

Cassius.
Lag das im Sinn euch, wie entkam ich lebend?
O bittrer, unerträglicher Verlust!
An welcher Krankheit?
Brutus.
Die Trennung nicht erduldend;
Und Gram, daß mit Octavius Mark Anton
So mächtig worden — denn mit ihrem Tod
Kam der Bericht — das brachte sie von Sinnen,
Und wie sie sich allein sah, schlang sie Feuer.
Cassius.
Und starb so?
Brutus.
Starb so.
Cassius.
O ihr ew'gen Götter!

Lucius kommt mit Wein und Kerzen.

Brutus.
Sprecht nicht mehr von ihr. — Gebt eine Schale
Weins!
Hierin begrab' ich allen Unglimpf, Cassius. trinkt.
Cassius.
Mein Herz ist durstig nach dem edlen Pfand.
Füllt, Lucius, bis der Wein den Becher kränzt,
Von Brutus Liebe trink' ich nie zu viel. trinkt.

Titinius und Messala kommen.
Brutus.
Herein, Titinius! Seyd gegrüßt, Messala!
Nun laßt uns dicht um diese Kerze sitzen,
Und, was uns frommt, in Überlegung ziehn.
Cassius.
O Portia, bist du hin!
Brutus.
Nichts mehr, ich bitt' euch.
Messala, seht, ich habe Brief empfangen,
Daß Mark Anton, mit ihm Octavius,
Heranziehn gegen uns mit starker Macht,
Und ihren Heerzug nach Philippi lenken.
Messala.
Ich habe Briefe von demselben Inhalt.
Brutus.
Mit welchem Zusatz?
Messala.
Daß durch Proskription und Achtserklärung
Octavius, Mark Anton und Lepidus
Auf hundert Senatoren umgebracht.
Brutus.
Darüber weichen unsre Briefe ab.
Der meine spricht von siebzig Senatoren,
Die durch die Ächtung fielen; Cicero
Sey einer aus der Zahl.
Cassius.
Auch Cicero?

Messala.
Ja, er ist todt, und durch den Achtsbefehl.
Kam euer Brief von eurer Gattin, Herr?
Brutus.
Nein, Messala.
Messala.
Und meldet euer Brief von ihr euch nichts?
Brutus.
Gar nichts, Messala.
Messala.
Das bedünkt mich seltsam.
Brutus.
Warum? wißt ihr aus eurem Brief von ihr?
Messala.
Nein, Herr.
Brutus.
Wenn ihr ein Römer seyd, sagt mir die Wahrheit.
Messala.
Tragt denn die Wahrheit, die ich sag', als Römer.
Sie starb und zwar auf wunderbare Weise.
Brutus.
Leb wohl denn, Portia! — Wir müssen sterben,
Messala; dadurch, daß ich oft bedacht,
Sie müss' einst sterben, hab' ich die Geduld,
Es jetzt zu tragen.
Messala.
So trägt ein großer Mann ein großes Unglück.

Caſſius.

Durch Kunſt hab' ich ſo viel hievon als ihr,
Doch die Natur ertrüg's in mir nicht ſo.

Brutus.

Wohlan, zu unſerm lebenden Geſchäft!
Was denkt ihr? ziehn wir nach Philippi gleich?

Caſſius.

Mir ſcheints nicht rathſam.

Brutus.
Euer Grund.
Caſſius.
Hier iſt er.

Weit beſſer iſt es, wenn der Feind uns ſucht,
So wird er, ſich zum Schaden, ſeine Mittel
Erſchöpfen, ſeine Krieger müde machen.
Wir liegen ſtill indeß, bewahren uns
In Ruh, wehrhaftem Stand und Munterkeit.

Brutus.

Den beſſern Gründen müſſen gute weichen.
Das Land von hier bis nach Philippi hin
Beweiſt uns nur aus Zwang Ergebenheit,
Denn murrend hat es Laſten uns gezahlt.
Der Feind, indem er durch daſſelbe zieht,
Wird ſeine Zahl daraus ergänzen können,
Und uns, erfriſcht, vermehrt, ermuthigt nahn.
Von dieſem Vortheil ſchneiden wir ihn ab,
Wenn zu Philippi wir die Stirn ihm bieten,
Dieß Volk im Rücken.

Cassius.
Hört mich, lieber Bruder!
Brutus.
Erlaubt mir gütig! — Ferner müßt ihr merken,
Daß wir von Freunden alles aufgeboten,
Daß unsre Legionen übervoll,
Und unsre Sache reif. Der Feind nimmt täg-
lich zu,
Wir, auf dem Gipfel, stehn schon an der Neige.
Der Strom der menschlichen Geschäfte wechselt:
Nimmt man die Flut wahr, führet sie zum Glück;
Versäumt man sie, so muß die ganze Reise
Des Lebens sich durch Noth und Klippen winden.
Wir sind nun flott auf solcher hohen See,
Und müssen, wenn der Strom uns hebt, ihn nutzen,
Wo nicht, verlieren wir des Zufalls Gunst.
Cassius.
So zieht denn, wie ihr wollt; wir rücken selbst,
Dem Feind' entgegen, nach Philippi vor.
Brutus.
Die tiefe Nacht hat das Gespräch beschlichen,
Und die Natur muß fröhnen dem Bedürfniß,
Das mit ein wenig Ruh wir täuschen wollen,
Ist mehr zu sagen noch?
Cassius.
Nein. Gute Nacht!
Früh stehn wir also morgen auf, und fort.

Brutus.

Lucius, mein Schlafgewand!   Lucius ab.

Lebt wohl, Messala!
Gute Nacht, Titinius! Edler, edler Cassius,
Gute Nacht und sanfte Ruh!

Cassius.

O theurer Bruder!
Das war ein schlimmer Anfang dieser Nacht.
Nie trenne solcher Zwiespalt unsre Herzen,
Nie wieder, Brutus.

Brutus.

Alles steht ja wohl.

Cassius.

Nun gute Nacht!

Brutus.

Gute Nacht, mein guter Bruder!

Titinius und Messala.

Mein Feldherr, gute Nacht!

Brutus.

Lebt alle wohl!

Cassius, Titinius und Messala ab.

Lucius kömmt zurück mit dem Nachtkleide.

Brutus.

Gieb das Gewand, wo hast du deine Laute?

Lucius.

Im Zelte hier.

Brutus.
Wie? schläfrig? Armer Schelm,
Ich tadle drum dich nicht: du hast dich überwacht.
Ruf Claudius her, und andre meiner Leute,
Sie sollen hier im Zelt auf Küssen schlafen.
Lucius.
Varro und Claudius!
Varro und Claudius kommen.
Varro.
Ruft mein Gebieter?
Brutus.
Ich bitt' euch, liegt in meinem Zelt und schlaft;
Bald weck' ich euch vielleicht, um irgend was
Bey meinem Bruder Cassius zu bestellen.
Varro.
Wenn's euch geliebt, wir wollen stehn und warten.
Brutus.
Das nicht! Nein, legt euch nieder, meine Freunde. —
Die beyden Diener legen sich nieder.
Vielleicht verändert noch sich mein Entschluß. —
Sieh, Lucius, hier das Buch, das ich so suchte:
Ich steckt' es in die Tasche des Gewandes.
Lucius.
Ich wußte wohl, daß mein Gebieter mir
Es nicht gegeben.
Brutus.
Hab' Geduld mit mir,

Mein guter Junge, ich bin sehr vergeßlich.
Hälest du noch wohl die müden Augen auf,
Und spielst mir ein paar Weisen auf der Laute?
Lucius.
Jo, Herr, wenn's euch geliebt.
Brutus.
Das thuts, mein Junge.
Ich plage dich zu viel, doch du bist willig.
Lucius.
Es ist ja meine Pflicht.
Brutus.
Ich sollte dich
Zur Pflicht nicht über dein Vermögen treiben;
Ich weiß, daß junges Blut auf Schlafen hält.
Lucius.
Ich habe schon geschlafen, mein Gebieter.
Brutus.
Nun wohl denn, und du sollst auch wieder schlafen.
Ich will nicht lang dich halten: wenn ich lebe,
Will ich dir gutes thun.
Musik und ein Lied.
Die Weis ist schläfrig. — Mörderischer Schlummer!
Legst du die bley'rne Keul' auf meinen Knaben,
Der dir Musik macht? — Lieber Schelm, schlaf
wohl,
Ich thu' dirs nicht zu Leid, daß ich dich wecke.
Nickst du, so brichst du deine Laut' entzwey;

Ich nehm' sie weg, und schlaf nun, guter Knabe. —
Laßt sehn! Ist, wo ich aufgehört zu lesen,
Das Blatt nicht eingelegt? Hier, denk' ich, ists.

Er setzt sich.

Der Geist Cäsars erscheint.

Wie dunkel brennt die Kerze! — Ha, wer kommt?
Ich glaub', es ist die Schwäche meiner Augen,
Die diese schreckliche Erscheinung schafft.
Sie kommt mir näher — Bist du irgend was?
Bist du ein Gott, ein Engel oder Teufel,
Der starren macht mein Blut, das Haar mir sträubt?
Gieb Rede, was du bist.

Geist.

Dein böser Engel, Brutus.

Brutus.

Weswegen kommst du?

Geist.

Um dir zu sagen, daß du zu Philippi
Mich sehn sollst.

Brutus.

Gut, ich soll dich wiedersehn.

Geist.

Ja, zu Philippi. *verschwindet.*

Brutus.

Nun, zu Philippi will ich denn dich sehn.
Nun ich ein Herz gefaßt, verschwindest du;
Gern spräch' ich mehr mit dir noch, böser Geist. —

Bursch! Lucius! — Varro! Claudius! wacht auf!
Claudius!
Lucius.
Die Saiten sind verstimmt.
Brutus.
Er glaubt, er sey bey seiner Laute noch.
Erwache, Lucius!
Lucius.
Herr?
Brutus.
Hast du geträumt, daß du so schriest, Lucius?
Lucius.
Ich weiß nicht, mein Gebieter, daß ich schrie.
Brutus.
Ja doch, das thatst du; sahst du irgend was?
Lucius.
Nichts auf der Welt.
Brutus.
Schlaf wieder, Lucius. — Heda, Claudius!
Du, Bursch, wach auf!
Varro.
Herr?
Claudius.
Herr?
Brutus.
Weswegen schrie't ihr so in eurem Schlaf?
Varro und Claudius.
Wir schrien, Herr?

Brutus.
Ja, faht ihr irgend was?
Varro.
Ich habe nichts gesehn.
Claudius.
Ich gleichfalls nicht.
Brutus.
Geht und empfehlt mich meinem Bruder, Cassius:
Er lasse früh voraufziehn seine Macht,
Wir wollen folgen.
Varro und Claudius.
Herr, es soll geschehn.
Alle ab.

Fünfter Aufzug.

Erste Szene.
Die Ebene von Philippi.

Octavius, Antonius und ihr Heer.

Octavius.
Nun, Mark Anton, wird meine Hoffnung wahr.
Ihr sprecht, der Feind werd' auf den Höhn sich
 halten,
Und nicht herab in unsre Ebne ziehn.
Es zeigt sich anders: seine Schaaren nahn;
Sie wollen zu Philippi hier uns mahnen,
Und Antwort geben, eh' wir sie befragt.

Antonius.
Pah, steck' ich doch in ihrem Herzen, weiß
Warum sie's thun. Sie könnten sich begnügen
Nach andern Plätzen hinzuziehn, und kommen

Mit bangem Trotz, im Wahn durch diesen Aufzug
Uns vorzuspiegeln, sie besitzen Muth.
Allein dem ist nicht so.

Ein Bote tritt auf.

Bote.

– Bereitet euch, ihr Feldherrn.
Der Feind rückt an in wohlgeschloßnen Reihn,
Sein blut'ges Schlachtpanier ist ausgehängt,
Und etwas muß im Augenblick geschehn.

Antonius.

Octavius, führet langsam euer Heer
Zur linken Hand der Ebne weiter vor.

Octavius.

Zur rechten ich, behaupte du die linke.

Antonius.

Was kreuzt ihr mich, da die Entscheidung drängt?

Octavius.

Ich kreuz' euch nicht, doch ich verlang' es so.

Marsch.

Die Trommel gerührt. Brutus und Cassius kommen mit ihrem Heere; Lucilius, Titinius, Messala und Andre.

Brutus.

Sie halten still und wollen ein Gespräch.

Cassius.

Titinius, steh! Wir treten vor und reden.

Octavius.
Antonius, geben wir zur Schlacht das Zeichen?
Antonius.
Nein, Cäsar, laßt uns ihres Angriffs warten.
Kommt, tretet vor! Die Feldherrn wünschen ja
Ein Wort mit uns.
Octavius.
Bleibt stehn bis zum Signal.
Brutus.
Erst Wort, dann Schlag: nicht wahr, ihr Lands-
genossen?
Octavius.
Nicht daß wir mehr als ihr nach Worten fragen.
Brutus.
Gut Wort, Octavius, gilt wohl bösen Streich.
Antonius.
Ihr, Brutus, gebt bey bösem Streich gut Wort.
Deß zeuget Cäsars Herz, durchbohrt von euch,
Indeß ihr rieft: lang lebe Cäsar, Heil!
Cassius.
Die Führung eurer Streiche, Mark Anton,
Ist uns noch unbekannt; doch eure Worte
Begehn an Hybla's Bienen Raub und lassen
Sie ohne Honig.
Antonius.
Nicht auch stachellos?

J 2

Brutus.

O ja! auch tonlos, denn ihr habt ihr Summen
Gestohlen, Mark Anton, und drohet weislich
Bevor ihr stecht.

Antonius.

Ihr thatet's nicht, Verräther,
Als eure schnöden Dolch' einander stachen
In Cäsars Brust. Ihr zeigtet eure Zähne
Wie Affen, krocht wie Hunde, bücktet tief
Wie Sklaven euch, und küßtet Cäsars Füße;
Derweil von hinten der verfluchte Casca
Mit tück'schem Bisse Cäsars Nacken traf.
O Schmeichler!

Cassius.

Schmeichler! — Dankt euch selbst nur, Brutus.
Denn diese Zunge würde heut nicht freveln,
Wär' Cassius Rath befolgt.

Octavius.

Zur Sache! kommt! Macht Widerspruch uns
schwitzen,
So kostet röth're Tropfen der Erweis.
Seht! auf Verschworne zück' ich dieses Schwert:
Wann, denkt ihr, geht es wieder in die Scheide?
Nie, bis des Cäsar drey und zwanzig Wunden
Gerächt sind, oder bis ein andrer Cäsar
Mit Mord gesättigt der Verräther Schwert.

Brutus.
Cäsar, du kannst nicht durch Verräther sterben,
Du bringest denn sie mit.
Octavius.
Das hoff' ich auch:
Von Brutus Schwert war Tod mir nicht bestimmt.
Brutus.
O wärst du deines Stammes Edelster,
Du könntest, junger Mann, nicht schöner sterben.
Cassius.
Ein launisch Bübchen, unwerth solches Ruhms,
Gesellt zu einem Wüstling und 'nem Trinker.
Antonius.
Der alte Cassius!
Octavius.
Komm, Antonius! fort!
Trotz in die Zähne schleudr' ich euch, Verräther!
Wagt ihr zu fechten heut, so kommt ins Feld,
Wo nicht, wenn's euch gemuthet.

Octavius und Antonius mit ihrem Heere ab.

Cassius.
Nun tobe, Wind! schwill, Woge! schwimme, Na=
chen!
Der Sturm ist wach und alles auf dem Spiel.
Brutus.
Lucilius, hört! Ich muß ein Wort euch sagen.

Lucilius.

Herr?

Brutus und Lucilius reden bepseit mit einander.

Cassius.

Messala!

Messala.

Was befiehlt mein Feldherr?

Cassius.

Messala, dieß ist mein Geburtstag; grade
An diesem Tag kam Cassius auf die Welt.
Gieb mir die Hand, Messala, sey mein Zeuge,
Daß ich gezwungen, wie Pompejus einst,
An Eine Schlacht all' unsre Freyheit wage.
Du weißt, ich hielt am Epikurus fest
Und seiner Lehr'; nun ändr' ich meinen Sinn,
Und glaub' an Dinge, die das künft'ge deuten.
Auf unserm Zug von Sardes stürzten sich
Zwey große Adler auf das vordre Banner;
Da saßen sie, und fraßen gierig schlingend
Aus unsrer Krieger Hand; sie gaben uns
Hieher bis nach Philippi das Geleit.
Heut Morgen sind sie auf und fortgeflohn.
Statt ihrer fliegen Raben, Geyer, Kräh'n
Uns überm Haupt, und schaun herab auf uns
Als einen siechen Raub; ihr Schatten scheint
Ein Trauerhimmel, unter dem das Heer,
Bereit den Athem auszuhauchen, liegt.

Meffala.
Nein, glaubt das nicht.
Caffius.
Ich glaub' es auch nur halb,
Denn ich bin frisches Muthes und entschloffen
Zu trotzen standhaft jeglicher Gefahr.
Brutus.
Thu das, Lucilius.
Caffius.
Nun, mein edler Brutus,
Seyn uns die Götter heute hold, auf daß wir
Gefellt, in Frieden unserm Alter nahn!
Doch weil das Loos der Menschen niemals sicher,
Laßt uns bedacht seyn auf den schlimmsten Fall.
Verlieren wir dieß Treffen, so ist dieß
Das allerletzte Mal, das wir uns sprechen:
Was habt ihr dann euch vorgesetzt zu thun?
Brutus.
Ganz nach der Vorschrift der Philosophie,
Wonach ich Cato um den Tod getadelt,
Den er sich gab, (ich weiß nicht, wie es kömmt,
Allein ich find' es feig' und niederträchtig,
Aus Furcht was kommen mag, des Lebens Zeit
So zu verkürzen) will ich mit Geduld
Mich waffnen, und den Willen hoher Mächte
Erwarten, die das Irrdische regieren.
Caffius.
Dann, geht die Schlacht verlohren, laßt ihrs euch

Gefallen, daß man durch die Straßen Roms
Euch im Triumphe führt?
    Brutus.
Nein, Cassius, nein! Glaub mir, du edler Römer.
Brutus wird nie gebunden gehn nach Rom.
Er trägt zu hohen Sinn. Doch dieser Tag
Muß enden, was des Märzen Jdus anfing;
Ob wir uns wieder treffen, weiß ich nicht:
Drum laßt ein ewig Lebewohl uns nehmen.
Gehab dich wohl, mein Cassius, für und für!
Sehn wir uns wieder, nun so lächeln wir;
Wo nicht, so war dieß Scheiden wohlgethan.
    Cassius.
Gehab dich wohl, mein Brutus, für und für!
Sehn wir uns wieder, lächeln wir gewiß,
Wo nicht, ist wahrlich wohlgethan dieß Scheiden.
    Brutus.
Nun wohl, führt an! O wüßte jemand doch
Das Ende dieses Tagwerks, eh es kommt!
Allein es gnüget, enden wird der Tag,
Dann wissen wir sein Ende. — Kommt und fort!
    Alle ab.

Zweyte Szene.

Das Schlachtfeld.

Getümmel. **Brutus** und **Messala** kommen.

Brutus.
Reit! reit, Messala! reit! Bring diese Zettel
Den Legionen auf der andern Seite.
Lautes Getümmel.
Laß sie auf Einmal stürmen, denn ich merke,
Octavius Flügel hält nur schwachen Stand:
Ein schneller Anfall wirft ihn über'n Haufen.
Reit! reit, Messala! Laß herab sie kommen!
Beyde ab.

Dritte Szene.

Ein andrer Theil des Schlachtfeldes.

―

Getümmel. Cassius und Titinius kommen.

Cassius.
O sieh, Titinius! sieh! Die Schurken fliehn.
Ich selbst ward meiner eignen Leute Feind:
Dieß unser Banner wandte sich zur Flucht,
Ich schlug den Feigen und entriß es ihm.
Titinius.
O Cassius! Brutus gab das Wort zu früh.
Im Vortheil gegen den Octavius, setzt' er
Zu hitzig nach; sein Heer fing an zu plündern,
Indeß uns alle Mark Anton umzingelt.

Pindarus kömmt.

Pindarus.
Herr, flieht doch weiter! flieht doch weiter weg!
Antonius ist in euren Zelten, Herr;
Drum, edler Cassius, flieht! Flieht weit hinweg!
Cassius.
Der Hügel hier ist weit genug. — Schau, schau,

Titinius! Sind das meine Zelte nicht,
Wo ich das Feuer sehe?
                    Titinius.
                         Ja, mein Feldherr.
          Cassius.
Wenn du mich liebst, Titinius, so besteig
Mein Pferd, setz' ihm die Spornen in die Seite,
Bis es zu jener Mannschaft dich gebracht,
Und wieder her; damit ich sicher wisse,
Ob jene Mannschaft Freund ist oder Feind.
                    Titinius.
Wie ein Gedanke bin ich wieder hier.   ab.
              Cassius.
Geh, Pindarus, steig höher auf den Hügel,
Denn mein Gesicht ist kurz; acht' auf Titinius,
Und sag' mir, was du auf dem Feld' entdeckst.
                              Pindarus ab.
An diesem Tage athmet' ich zuerst;
Die Zeit ist um, und enden soll ich da,
Wo ich begann: mein Leben hat den Kreislauf
Vollbracht. — Du dort, was giebts?
              Pindarus oben.
          O Herr!
          Cassius.
                    Was giebts?
          Pindarus.
Titinius ist von Reitern ganz umringt,

Sie jagen auf ihn zu, doch spornt er weiter.
Nun sind sie dicht schon bey ihm — nun Titinius!
Sie steigen ab — er auch — er ist gefangen,
Und horcht! sie jubeln laut.   Freudengeschrey.

Cassius.

Steig nur herunter, sieh nicht weiter zu. —
O Memme, die ich bin, so lang zu leben
Bis ich den besten Freund vor meinen Augen
Gefangen sehen muß!

Pindarus kommt zurück.

Komm, Bursch, hieher!
Ich macht' in Parthia dich zum Gefangnen,
Und ließ dich schwören, deines Lebens Retter,
Was ich nur immer thun dich hieß', du wollest
Es unternehmen. Komm nun, halt den Schwur!
Sey frey nun, und mit diesem guten Schwert,
Das Cäsars Leib durchbohrt, triff diesen Busen.
Erwiedre nichts! Hier fasse du das Heft,
Und ist mein Angesicht verhüllt, wie jetzt,
So führ das Schwert. — Cäsar, du bist gerächt,
Und mit demselben Schwert, das dich getödtet.
                                        Er stirbt.

Pindarus.

So bin ich frey, doch wär' ichs lieber nicht,
Hätt' es auf mir beruht. — O Cassius!
Weit weg flieht Pindarus von diesem Lande,
Dahin, wo nie ein Römer ihn bemerkt.   ab.

Titinius und Messala kommen.
Messala.

Es ist nur Tausch, Titinius; denn Octav
Ward von des edlen Brutus Macht geschlagen,
Wie Cassius Legionen vom Antonius.
Titinius.
Die Zeitung wird den Cassius sehr erquicken.
Messala.
Wo ließt ihr ihn?
Titinius.
Ganz trostlos, neben ihm.
Sein Sklave Pindarus, auf diesem Hügel.
Messala.
Ist er das nicht, der auf dem Boden liegt?
Titinius.
Er liegt nicht da wie lebend. — O mein Herz!
Messala.
Nicht wahr? es ist er.
Titinius.
Nein, er war's, Messala:
Doch Cassius ist nicht mehr. — O Abendsonne!
Wie du in deinen rothen Strahlen sinkst,
So ging in Blut der Tag des Cassius unter.
Die Sonne Roms ging unter; unser Tag
Ist hingeflohn: nun kommen Wolken, Thau,
Gefahren; unsre Thaten sind gethan.
Mistraun in mein Gelingen bracht' ihn um.

Meffala.

Mistraun in guten Ausgang bracht' ihn um,
O haffenswerther Wahn! der Schwermuth Kind!
Was zeigst du doch dem regen Witz der Menschen
Das, was nicht ist? O Wahn, so bald empfangen,
Zu glücklicher Geburt gelangst du nie,
Und bringst die Mutter um, die dich erzeugt.

Titinius.

Auf, Pindarus! Wo bist du, Pindarus?

Meffala.

Such ihn, Titinius; ich indeffen will
Zum edlen Brutus und feir Ohr durchbohren
Mit dem Bericht. Wohl mein' ich es durchbohren,
Denn scharfer Stahl und gift'ge Pfeile würden
Dem Ohr des Brutus so willkommen seyn,
Als Meldung dieses Anblicks.

Titinius.

Eile, Meffala!
Ich suche Pindarus indeffen auf.   Meffala ab.
Warum mich ausgesandt, mein wackrer Cassius?
Traf ich nicht deine Freunde? setzten sie
Nicht diesen Siegeskranz auf meine Stirn,
Ihn dir zu bringen? Vernahmst du nicht ihr Ju-
                              beln?
Ach, jeden Umstand hast du misgedeutet!
Doch halt, nimm diesen Kranz um deine Stirn;
Dein Brutus hieß mich dir ihn geben; ich

Vollführe sein Gebot. — Komm schleunig, Brutus,
Und sieh, wie ich den Cajus Cassius ehrte!
Verzeihet, ihr Götter! — Dieß ist Römerbrauch:
Komm, Cassius Schwert! triff den Titinius auch!

           Er stirbt.

*Getümmel. Messala kömmt zurück mit Brutus,
dem jungen Cato, Strato, Volumnius
und Lucilius.*

      Brutus.

Wo? wo, Messala? sag', wo liegt die Leiche?

      Messala.

Seht, dort! Titinius trauert neben ihr.

      Brutus.

Titinius Antlitz ist emporgewandt.

      Cato.

Er ist erschlagen.

      Brutus.

O Julius Cäsar! Du bist mächtig noch.
Dein Geist geht um: er ists, der unsre Schwerter
In unser eighes Eingeweide kehrt.

    Lautes Getümmel.

      Cato.

Mein wackrer Freund Titinius! Seht doch her,
Wie er den todten Cassius gekränzt.

      Brutus.

Und leben noch zwey Römer, diesen gleich?
Du letzter aller Römer, lebe wohl!

Unmöglich ists, daß Rom je deines Gleichen
Erzeugen sollte. — Diesem Todten, Freunde,
Bin ich mehr Thränen schuldig, als ihr hier
Mich werdet zahlen sehn: aber, Cassius,
Ich finde Zeit dazu, ich finde Zeit.
Drum kommt, und schickt nach Thassos seine Leiche,
Er soll im Lager nicht bestattet werden;
Es schlüg' uns nieder. — Komm, Lucilius!
Komm, junger Cato! Zu der Wahlstatt hin!
Ihr, Flavius und Labeo, laßt unsre Schaaren
     rücken!
Es ist drey Uhr, und, Römer, noch vor Nacht
Versuchen wir das Glück in einer zweyten Schlacht.
       Alle ab.

Vierte Szene.

(Ein andrer Theil des Schlachtfeldes.)

Getümmel. Soldaten von beyden Heeren, fechtend; darauf
Brutus, Cato, Lucilius und Andre.

    Brutus.
Noch, Bürger, o noch haltet hoch die Häupter!
      Cato.

Cato.

Ein Bastard, der's nicht thut! Wer will mir folgen?
Ich rufe meinen Nahmen durch das Feld:
Ich bin der Sohn des Marcus Cato, hört!
Feind der Tyrannen, Freund des Vaterlands!
Ich bin der Sohn des Marcus Cato, hört!

Brutus dringt auf den Feind ein.

Und ich bin Brutus, Marcus Brutus, ich;
Des Vaterlandes Freund: kennt mich als Brutus!

Ab, indem er auf den Feind eindringt. Cato wird überwältigt und fällt.

Lucilius.

O junger, edler Cato! bist du hin?
Ja! tapfer wie Titinius stirbst du nun,
Man darf dich ehren als des Cato Sohn.

Erster Soldat.

Ergieb dich, oder stirb!

Lucilius.

Nur um zu sterben
Ergeb' ich mich. Hier ist so viel für dich,

Bietet ihm Geld an.

Daß du sogleich mich tödten wirst: nun tödte
Den Brutus, und es ehre dich sein Tod.

Erster Soldat.

Wir müssens nicht. — Ein edler Gefangner.

K

Zweyter Soldat.
Platz da!
Sagt dem Antonius, daß wir Brutus haben.
Erster Soldat.
Ich will es melden. — Sieh, da kömmt der Feld-
herr.

Antonius tritt auf.

Wir haben Brutus, Herr! wir haben Brutus!
Antonius.
Wo ist er?
Lucilius.
In Sicherheit; Brutus ist sicher gnug.
Verlaß dich drauf, daß nimmermehr ein Feind
Den edlen Brutus lebend fangen wird.
Die Götter schützen ihn vor solcher Schmach!
Wo ihr ihn findet, lebend oder todt,
Er wird wie Brutus, wie er selbst, sich zeigen.
Antonius.
Dieß ist nicht Brutus, Freund, doch auf mein Wort,
Ein nicht gering'rer Fang. Verwahrt ihn wohl,
Erweist nur Gutes ihm: ich habe lieber
Zu Freunden solche Männer als zu Feinden.
Eilt! seht, ob Brutus todt ist oder lebt!
Und bringt Bericht zu des Octavius Zelt,
Wie alles sich begeben.

Alle ab.

Fünfte Szene.
Ein andrer Theil des Schlachtfeldes.

Brutus, Dardanius, Clitus, Strato und **Volumnius** treten auf.

Brutus.
Kommt, armer Überrest von Freunden! ruht
An diesem Felsen.

Clitus.
Herr, Statilius zeigte
Das Fackellicht, doch kömmt er nicht zurück.
Er ist gefangen oder gar erschlagen.

Brutus.
Setz dich zu mir. Erschlagen ist das Wort,
Es ist des Tages Sitte. — Höre, Clitus!
Spricht leise mit ihm.

Clitus.
Wie, gnäd'ger Herr? Ich? Nicht um alle Welt.

Brutus.
Still denn! kein Wort!

Clitus.
Eh tödtet' ich mich selbst.

Brutus.
Dardanius, hör! *Spricht leise mit ihm.*

Dardanius.
Ich eine solche That?
Clitus.
O Dardanius!
Dardanius.
O Clitus!
Clitus.
Welch einen schlimmen Antrag that dir Brutus?
Dardanius.
Ich sollt' ihn tödten, Clitus: sieh, er sinnt.
Clitus.
Nun ist das herrliche Gefäß voll Gram,
So daß es durch die Augen überfließt.
Brutus.
Komm zu mir, Freund Volumnius: ein Wort!
Volumnius.
Was sagt mein Feldherr?
Brutus.
Dieß, Volumnius.
Der Geist des Cäsar ist zu zweyen Malen
Mir in der Nacht erschienen; erst zu Sardes
Und vor'ge Nacht hier in Philippi's Ebne.
Ich weiß, daß meine Stunde kommen ist.
Volumnius.
Nicht doch, mein Feldherr.
Brutus.
O ja, es ist gewiß, Volumnius:

Du siehst die Welt, mein guter, wie sie geht:
Der Feind hat uns zum Abgrund hingetrieben;

Getümmel.

Es ziemt sich mehr, von selbst hineinzuspringen,
Als zu erwarten seinen letzten Stoß.
Volumnius, wir gingen in die Schule
Zusammen, wie du weißt. Ich bitte dich,
Um jener unsrer alten Liebe willen:
Halt du mein Schwert, indeß ich drein mich stürze.

Volumnius.

Das, Brutus, ist kein Dienst für einen Freund.

Fortdauerndes Getümmel.

Clitus.

Flieht, Herr! o flieht! Hier gilt kein Säumen
mehr.

Brutus.

Lebt wohl denn, ihr — und ihr — und ihr, Vo-
lumnius.
Du, Strato, lagst die ganze Zeit im Schlaf:
Leb wohl auch du! — Mitbürger, meinem Herzen
Ists Wonne, daß ich noch im ganzen Leben
Nicht Einen fand, der nicht getreu mir war.
Ich habe Ruhm von diesem Unglückstage,
Mehr als Octavius und Mark Anton
Durch diesen schnöden Sieg erlangen werden.
So lebt zusammen wohl! Denn Brutus Zunge
Schließt die Geschichte seines Lebens bald.

Nacht deckt mein Auge, mein Gebein will Ruh,
Es strebte längst nur dieser Stunde nach.

Getümmel. Geschrey hinter der Szene: »Flieht! flieht!
flieht!«

Clitus.

Flieht, Herr! o flieht!

Brutus.

Nur fort! Ich will euch folgen.

Clitus, Dardanius und Volumnius ab.

Ich bitt' dich, Strato, bleib bei deinem Herrn.
Du bist ein Mensch von redlichem Gemüth,
In deinem Leben war ein Funken Ehre.
Halt denn mein Schwert, und wende dich hinweg
Indeß ich drein mich stürze. Willst du, Strato?

Strato.

Gebt erst die Hand mir. Herr, gehabt euch wohl!

Brutus.

Leb wohl, mein Freund! — Besänft'ge, Cäsar, dich!
Nicht halb so gern bracht' ich dich um als mich.

Er stürzt sich auf sein Schwert und stirbt.

Getümmel. Rückzug. Octavius, Antonius, mit
ihrem Heere, Messala und Lucilius kommen.

Octavius.

Wer ist der Mann?

Messala.

Der Diener meines Herrn.

Strato, wo ist dein Herr?

Strato.
Frey von den Banden, die ihr tragt, Messala.
Die Sieger können nur zu Asch' ihn brennen,
Denn Brutus unterlag allein sich selbst,
Und niemand sonst hat Ruhm von seinem Tode.
Lucilius.
So mußten wir ihn finden, — Dank dir, Brutus,
Daß du Lucilius Rede wahr gemacht.
Octavius.
Des Brutus Leute nehm' ich all' in Dienst.
Willst du in Zukunft bey mir leben, Bursch?
Strato.
Ja, wenn Messala mich euch überläßt.
Octavius.
Thut mir's zu lieb, Messala.
Messala.
Strato, wie starb mein Herr?
Strato.
Ich hielt das Schwert, so stürzt' er sich hinein.
Messala.
Octavius, nimm ihn denn, daß er dir folge,
Der meinem Herrn den letzten Dienst erwies.
Antonius.
Dieß war der beste Römer unter allen:
Denn jeder der Verschwornen, bis auf ihn,
That, was er that, aus Misgunst gegen Cäsar.
Nur er verband aus reinem Biedersinn,

Und zum gemeinen Wohl sich mit den Andern.
Sanft war sein Leben und so mischten sich
Die Element' in ihm, daß die Natur
Aufstehen durfte, und der Welt verkünden:
Dieß war ein Mann!
           Octavius.
Nach seiner Tugend laßt uns ihm begegnen,
Mit aller Achtung und Bestattungsfeyer.
Er lieg' in meinem Zelte diese Nacht,
Mit Ehren wie ein Krieger angethan.
Nun ruft das Heer zur Ruh, laßt fort uns eilen
Und dieses frohen Tags Trophäen theilen.   ab.

Was ihr wollt.

Personen:

Orsino, Herzog von Illyrien.

Sebastian, ein junger Edelmann, Viola's Bruder.

Antonio, ein Schiffshauptmann.

Ein Schiffshauptmann.

Valentin,
Curio, } Cavaliere des Herzogs.

Junker Tobias von Rülp, Olivia's Oheim.

Junker Christoph von Bleichenwang.

Malvolio, Olivia's Haushofmeister.

Fabio,
Narr, } in Olivia's Dienst

Olivia, eine reiche Gräfin.

Viola.

Maria, Olivia's Kammermädchen.

Herren vom Hofe, ein Priester, Matrosen, Gerichtsdiener, Musikanten und andres Gefolge.

Die Scene ist eine Stadt in Illyrien und die benachbarte Seeküste.

Erster Aufzug.

Erste Szene.

Ein Zimmer im Palaste des Herzogs.

Der Herzog, Curio, und Herren vom Hofe.
Musikanten im Hintergrunde.

Herzog.
Wenn die Musik der Liebe Nahrung ist,
Spielt weiter! gebt mir volles Maaß! daß so
Die übersatte Lust erkrank' und sterbe. —
Die Weise noch einmal! — sie starb so hin;
O sie beschlich mein Ohr, dem Weste gleich,
Der auf ein Veilchenbette lieblich haucht,
Und Düfte stiehlt und giebt. — Genug! nicht mehr!
Es ist mir nun so süß nicht, wie vorher.
O Geist der Lieb', wie bist du reg' und frisch!
Nimmt schon dein Umfang alles in sich auf,

Gleich wie die See, nichts kommt in ihn hinein,
Wie stark, wie überschwänglich es auch sey,
Das nicht herabgesetzt im Preise fiele
In einem Wink! So voll von Fantasien
Ist Liebe, daß nur sie fantastisch ist.
Curio.
Wollt ihr nicht jagen, gnäd'ger Herr?
Herzog.
Was, Curio?
Curio.
Den Hirsch.
Herzog.
Das thu' ich ja, den edelsten, der mein.
O da zuerst mein Aug Olivien sah,
Schien mir die Luft durch ihren Hauch gereinigt;
Den Augenblick werd' ich zu einem Hirsch,
Und die Begierden, wie ergrimmte Hunde,
Verfolgen mich seitdem.
Valentin kommt.
Nun wohl, was sagt sie?
Valentin.
Verzeiht, mein Fürst, ich ward nicht vorgelassen,
Ihr Mädchen gab mir dieß zur Antwort nur:
Der Himmel selbst, bis sieben Jahr verglüht,
Soll ihr Gesicht nicht ohne Hülle schaun;
Sie will wie eine Nonn' im Schleyer gehn,
Und Einmal Tags ihr Zimmer rings benetzen

Mit augenschmerzendem gesalznem Naß:
All dieß, um eines Bruders todte Liebe
Zu balsamiren, die sie frisch und dauernd
In traurigem Gedächtniß halten will.

Herzog.

O sie mit diesem zartgebauten Herzen,
Die schon dem Bruder so viel Liebe zahlt.
Wie wird sie lieben, wenn der goldne Pfeil
Die ganze Schaar von Neigungen erlegt
So in ihr lebt! wenn jene hohen Thronen,
Ihr Haupt und Herz, die holden Trefflichkeiten,
Erfüllt sind und bewohnt von Einem Herrn!
Eilt, mit voran auf zarte Blumenmatten!
Süß träumt die Liebe, wenn sie Lauben schatten.

Alle ab.

Zweyte Szene.
Eine Straße.

Viola, ein Schiffshauptmann und Matrosen treten auf.

Viola.

Welch Land ist dieß, ihr Freunde?

Schiffshauptmann.

Illyrien, Fräulein.

Viola.

Und was soll ich nun in Illyrien machen?
Mein Bruder ist ja in Elysium.
Doch wär' es möglich, daß er nicht ertrank.
Was denkt ihr, Schiffer?

Schiffshauptmann.

Kaum war es möglich, daß ihr selbst entkamt.

Viola.

Ach, armer Bruder! — Vielleicht entkam er doch.

Schiffshauptmann.

Ja, Fräulein; und euch mit Vielleicht zu trösten,
Versichr' ich euch: als unser Schiff gescheitert,
Indessen ihr und dieser arme Haufen,
Mit euch gerettet, auf dem Boote trieb,
Sah ich, daß euer Bruder, wohl bedacht
In der Gefahr, an einen starken Mast,
Der auf den Fluten lebte, fest sich band;
(Ihm lehrte Muth und Hoffnung dieses Mittel)
Dann, wie Arion auf des Delphins Rücken,
Sah ich ihn Freundschaft mit den Wellen halten,
So lang' ich sehen konnte.

Viola.

Hier ist Gold
Für diese Nachricht. Meine eigne Rettung
Zeigt meiner Hoffnung auch für ihn das Gleiche,
Und

Und eure Red ist deß Bestätigung.
Kennst du dieß Land?
   Schiffshauptmann.
     Ja, Fräulein, sehr genau.
Drey Stunden ist es kaum von diesem Ort,
Wo ich gebohren und erzogen bin.
   Viola.
Und wer regiert hier?
   Schiffshauptmann.
Ein edler Herzog von Gemüth und Nahmen.
   Viola.
Was ist sein Nahme?
   Schiffshauptmann.
Orsino.
   Viola.
Orsino! den hört ich meinen Vater
Wohl nennen; damals war er unvermählt.
   Schiffshauptmann.
Das ist er, oder wars vor kurzem noch.
Denn nur vor einem Monat reist' ich ab,
Als eben ein Gerücht lief (wie ihr wißt,
Was Große thun, beschwatzen gern die Kleinen)
Er werbe um die reizende Olivia.
   Viola.
Wer ist sie?
   Schiffshauptmann.
Ein sittsam Mädchen, eines Grafen Tochter;
    L

Der starb vor einem Jahr und ließ sie damals
In seines Sohnes, ihres Bruders, Schutz.
Der starb vor kurzem auch; ihn zärtlich liebend
Schwor sie, so sagt man, Anblick und Gesellschaft
Der Männer ab.

    Viola.

      O dient' ich doch dem Fräulein,
Und würde nicht nach meinem Stand der Welt
Verrathen, bis ich die Gelegenheit
Selbst hätte reifen lassen!

    Schiffshauptmann.

        Das wird schwer
Zu machen seyn: sie will von keiner Art
Gesuche hören, selbst des Herzogs nicht.

    Viola.

Du hast ein fein Betragen an dir, Hauptmann,
Und wenn gleich die Natur mit schöner Decke
Oft Gräber übertüncht, bin ich dir doch
Zu traun geneigt, du habest ein Gemüth,
Das wohl zu diesem feinen Anschein paßt.
Ich bitte dich, und will dirs reichlich lohnen,
Verhehle, wer ich bin, und steh. mir bey
Mich zu verkleiden, wie es etwa taugt
Zu meinem Plan. Ich will dem Herzog dienen,
Du sollst als einen Hämmling mich empfehlen.
Es lohnt dir wohl die Müh, denn ich kann singen,
Und ihn mit allerley Musik ergötzen,

Bin also sehr geschickt zu seinem Dienst.
Was sonst geschehn mag, wird die Zeit schon zeigen;
Nur richte sich nach meinem Wink dein Schweigen.
Schiffshauptmann.
Seyd ihr sein Hämmling, euer Stummer ich,
Und plaudr' ich aus, so schlage Blindheit mich!
Viola.
Nun gut, so führ' mich weiter. *ab.*

Dritte Szene.
Ein Zimmer in Olivia's Hause.

Junker Tobias und Maria.

Junker Tobias.
Was zum Henker fällt meiner Nichte ein, daß sie sich den Tod ihres Bruders so anzieht? Es ist ausgemacht, der Gram zehrt am Leben.
Maria.
Auf mein Wort, Junker Tobias, ihr müßt Abends früher zu Hause kommen. Eure Nichte, das gnädige Fräulein, hat viel Einrede gegen eure unschicklichen Zeiten.

Junker Tobias.
So mag sie bey Zeiten Einrede thun, hernachmals aber schweigen.

Maria.
Ja, es würde euch aber besser kleiden, einen ordentlichen Lebenswandel zu führen.

Junker Tobias.
Besser kleiden? Ich brauche mich nicht besser zu kleiden, als ich hier bin. Dieser Rock ist gut genug, um darin zu trinken, diese Stiefeln auch, sonst können sie sich in ihren eignen Riemen aufhängen lassen.

Maria.
Das Bechern und Trinken wird euch zu Grunde richten. Mein Fräulein sprach noch gestern davon, auch von einem albernen Junker, den ihr einmal Abends als einen Freyer für sie mitgebracht habt.

Junker Tobias.
Wen meynt ihr? Junker Christoph von Bleichenwang?

Maria.
Ja, eben den.

Junker Tobias.
Das ist so ein starker Kerl wie einer in ganz Illyrien.

Maria.
Was thut das zur Sache?

Junker Tobias.
Nun, er bringt es im Jahr auf dreytausend Dukaten.

Maria.
Er wird es aber wohl nur auf ein Jahr mit allen seinen Dukaten bringen: er ist ein großer Narr und ein Verschwender.

Junker Tobias.
Pfui, daß ihr so reden könnt! Er spielt auf der Baßgeige, und spricht drey bis vier Sprachen Wort für Wort aus dem Kopfe, und ist mit vielfältigen guten Naturgaben versehn.

Maria.
Ja wahrhaftig, auch mit einfältigen. Denn bey seiner Narrheit ist er obendrein noch ein großer Zänker, und hätte er nicht die Gabe der Zaghaftigkeit, um seine Zanklust zu dämpfen, so meynen die Vernünftigen, ihm würde bald das Grab zur Gabe werden.

Junker Tobias.
Bey meiner Faust! Schufte und Lügner sinds, die so von ihm reden. Wer sind sie?

Maria.
Dieselbigen, die auch behaupten, daß er sich alle Abend mit euch betrinkt.

Junker Tobias.
Freylich, auf meiner Nichte Gesundheit. Ich will

so lange darauf trinken, als es mir durch die Kehle läuft und Getränk in Illyrien ist. Ein Hase und ein Lumpenhund, wer nicht meiner Nichte zu Ehren trinkt, bis sich sein Gehirn auf Einem Beine herumdreht wie ein Kräusel. Still, Mädel! Castiliano volto! denn hier kommt Junker Christoph von Bleichenwang.

Junker Christoph tritt auf.

Junker Christoph.
Junker Tobias von Rülp! Wie stehts, Junker Tobias von Rülp?

Junker Tobias.
Herzensjunker Christoph!

Junker Christoph.
Gott grüß' euch, schöne Dirne!

Maria.
Euch ebenfalls, Herr.

Junker Tobias.
Hak' ein, Junker Christoph, hak' ein!

Junker Christoph.
Wer ist das?

Junker Tobias.
Meiner Nichte Kammermädchen.

Junker Christoph.
Gute Jungfer Hakein, ich wünsche näher mit euch bekannt zu werden.

Maria.
Mein Nahme ist Maria, Herr.
Junker Christoph.
Gute Jungfer Maria Hakein —
Junker Tobias.
Ihr versteht mich falsch; hak' ein heißt: unterhalte sie, wirb um sie, bestürme sie.
Junker Christoph.
Auf meine Ehre, ich möchte sie nicht in dieser Gesellschaft vornehmen. Das bedeutet also hak' ein?
Maria.
Ich empfehle mich, meine Herren.
Junker Tobias.
Wo du sie so davon gehn läß'st, Junker Christoph, so wollt' ich, du dürftest nie wieder den Degen ziehn.
Junker Christoph.
Wo ihr so davon geht, so wollt' ich, ich dürfte nie wieder den Degen ziehn. Schönes Frauenzimmer, denkt ihr, ihr hättet Narren am Seile?
Maria.
Nein, ich habe euch nicht am Seile.
Junker Christoph.
Ihr sollt mich aber am Seile haben; hier ist meine Hand.
Maria.
Nun, Herr, Gedanken sind zollfrey: aber mich

däucht, ihr könntet sie immer ein bischen in den Keller tragen.

Junker Christoph.
Wozu, mein Engelchen? Was soll die verblümte Redensart?

Maria.
Sie ist warm, Herr.

Junker Christoph.
Nun, ein Mädchen wie ihr kann einen wohl warm machen.

Maria.
Nein, ihr habt ein kaltes Herz, das kann ich an den Fingern abzählen.

Junker Christoph.
Das thut doch einmal.

Maria.
Ich habe es schon an euern Fingern abgezählt, daß ihr keine drey zählen könnt. Nun lasse ich euch gehn. ab.

Junker Tobias.
O Junker, du hast ein Fläschchen Seft nöthig! Hab' ich dich jemals schon so herunter gesehn?

Junker Christoph.
In euerm Leben nicht, glaub' ich, außer wenn mich der Seft heruntergebracht hat. Mir ist, als hätt' ich manchmal nicht mehr Witz, als ein Christensohn oder ein gewöhnlicher Mensch hat. Aber ich

bin ein großer Rindfleischesser, und ich glaube, das
thut meinem Witz Schaden.

Junker Tobias.

Keine Frage.

Junker Christoph.

Wo ich das dächte, so wollte ichs verschwören.
Ich will morgen nach Haus reiten, Junker Tobias.

Junker Tobias.

Pourquoi, Herzensjunker?

Junker Christoph.

Was ist pourquoi? Thu's, oder thu's nicht? Ich
wollte ich hätte die Zeit auf die Sprachen gewandt,
die mir das Fechten, Tanzen und Fuchsprellen ge-
kostet hat. Ach, hätte ich mich doch auf die Künste gelegt!

Junker Tobias.

Ja, dann hättest du einen stattlichen Kopf mit
Haaren gekriegt.

Junker Christoph.

Wie so? Wäre mein Haar davon besser geworden?

Junker Tobias.

Ohne Zweifel. Du siehst ja, es will sich von Natur nicht kräuseln.

Junker Christoph.

Es steht mir aber doch recht gut? Nicht wahr?

Junker Tobias.

Prächtig! Es hängt wie Flachs auf einem Spinnrocken, und ich hoffe noch zu erleben, daß eine Hausfrau dich zwischen ihre Knie nimmt und es abspinnt.

Junker Christoph.

Wahrhaftig, ich will morgen nach Haus, Junker Tobias. Eure Nichte will sich ja nicht sehn lassen; und wenn auch, es ist zehn gegen eins, daß sie mich nicht will.

Junker Tobias.

Sie will den Grafen nicht; sie will keine größere Parthie thun als sie selbst ist, weder an Rang, Jahren, noch Verstand. Das habe ich sie eidlich betheuern hören. Lustig! Es ist noch nicht aus damit, Freund.

Junker Christoph.

So will ich einen Monat länger bleiben. Ich bin ein Kerl von der wunderlichsten Gemüthsart in der Welt; manchmal weiß ich mir gar keinen besseren Spaß als Masqueraden und Fastnachtsspiele.

Junker Tobias.

Taugst du zu dergleichen Fratzen, Junker?

Junker Christoph.

So gut wie irgend einer in Illyrien, es mag seyn was er will, wenn er nicht vornehmer ist als ich.

Junker Tobias.

Wie weit hast du es in der Gaillarde gebracht?

Junker Christoph.

Mein Seel' ich kan eine Kapriole schneiden, und

den Katzensprung thu' ich aufs Haar so hoch, als
irgend einer in Illyrien.

Junker Tobias.

Weswegen verbergen sich diese Künste? Weswegen
hängt ein Vorhang vor diesen Gaben? Bist du
bange, sie möchten staubig werden? Warum gehst
du nicht in einer Gaillarde zur Kirche, und kommst
in einer Courante nach Hause? Mein beständiger
Gang sollte ein Pas à rigaudon seyn; ich wollte
mein Wasser nicht abschlagen, ohne einen Entrechat
zu machen. Was kommt dir ein? Ist dieß eine
Welt darnach, Tugenden unter den Scheffel zu
stellen? Ich dachte wohl, nach dem vortreflichen
Baue deines Beines, es müßte unter dem Gestirn
der Gaillarde gebildet seyn.

Junker Christoph.

Ja, es ist kräftig, und in einem geflammten Strum=
pfe nimmt es sich leidlich aus. Wollen wir nicht
ein Gelag anstellen?

Junker Tobias.

Was sollten wir sonst thun? Sind wir nicht unter
dem Steinbock gebohren?

Junker Christoph.

Unter dem Steinbock? Das bedeutet Stoßen und
Schlagen.

Junker Tobias.

Nein, Freund, es bedeutet Springen und Tanzen.

Laß mich deine Capriolen sehn. Hopsa! Höher!
Sa! sa! — Prächtig! Beyde ab.—

Vierte Szene.

Ein Zimmer im Palaste des Herzogs.

Valentin, und Viola in Mannskleidern.

Valentin.

Wenn der Herzog mit solchen Gunstbezeugungen gegen euch fortfährt, Cesario, so könnt ihr es weit bringen: er kennt euch erst seit drey Tagen, und schon seyd ihr kein Fremder mehr.

Viola.

Ihr fürchtet entweder Laune von seiner Seite oder Nachläßigkeit von der meinigen, wenn ihr die Fortdauer seiner Zuneigung in Zweifel zieht. Ist er unbeständig in seiner Gunst?

Valentin.

Nein, in der That nicht.

Der Herzog, Curio und Gefolge treten auf.

Viola.

Ich dank' euch. Hier kömmt der Graf.

Herzog.
Wer sah Cesario? he?
Viola.
Hier, gnäd'ger Herr, zu eurem Dienst.
Herzog.
Steht ihr indeß bey Seit. — Cesario,
Du weißt nun alles: die geheimsten Blätter
Schlug ich dir auf im Buche meines Herzens.
Drum, guter Jüngling, mach dich zu ihr auf,
Nimm kein Verläugnen an; steh vor der Thür
Und sprich, es solle fest dein Fuß da wurzeln,
Bis du Gehör erlangt.
Viola.
Doch, mein Gebieter,
Ist sie so ganz dem Grame hingegeben,
Wie man erzählt, läßt sie mich nimmer vor.
Herzog.
Sey laut, und brich durch alle Sitte lieber,
Eh du den Auftrag unverrichtet läß'st.
Viola.
Gesetzt nun, Herr, ich spreche sie: was dann?
Herzog.
O dann entfalt' ihr meiner Liebe Macht,
Laß sie erstaunen über meine Treu:
Es wird dir wohl stehn meinen Schmerz zu klagen;
Sie wird geneigter deiner Jugend horchen,
Als einem Boten ernstern Augesichts

Viola.
Das denk' ich nicht, mein Fürst.
Herzog.
Glaub's, lieber Junge!
Denn der verläumdet deine frohen Jahre,
Wer sagt, du seyst ein Mann: Diana's Lippen
Sind weicher nicht und purpurner; dein Stimm-
chen
Ist wie des Mädchens Kehle hell und klar,
Und alles ist an dir nach Weibes Art.
Ich weiß, daß dein Gestirn zu dieser Sendung
Sehr günstig ist. Vier oder fünf von euch,
Begleitet ihn; geht alle, wenn ihr wollt.
Mir ist am wohlsten, wenn am wenigsten
Gesellschaft um mich ist. Vollbring dieß glücklich,
Und du sollst frey wie dein Gebieter leben,
Und alles mit ihm theilen.
Viola.
Ich will thun
Was ich vermag, eu'r Fräulein zu gewinnen.
beyseit. Doch wo ich immer werbe, Müh voll Pein!
Ich selber möchte seine Gattin seyn.
Alle ab.

Fünfte Szene.

Ein Zimmer in Olivia's Hause.

Maria und der Narr treten auf.

Maria.

Nun sage mir, wo du gewesen bist, oder ich will meinen Mund nicht so weit aufthun, daß ein Strohhalm hineingeht, um dich zu entschuldigen; mein Fräulein wird dich für dein Ausbleiben aufhängen lassen.

Narr.

Meinetwegen: wer in dieser Welt tüchtig aufgehängt ist, braucht der Trommel nicht zu folgen.

Maria.

Warum nicht?

Narr.

Er kann überhaupt nicht viel spazieren gehn.

Maria.

Eine gute hausbackne Antwort. Ich kann dir auch sagen, wo sich die Redensart herschreibt, der Trommel folgen.

Narr.

Woher, liebe Jungfer Maria?

Maria.

Aus dem Kriege, und das kannst du in deiner Narrheit nur keklich nachsagen.

Narr.

Gut, Gott verleihe denen Weisheit, die welche haben; und die, so Narren sind, laßt sie mit ihren Gaben wuchern.

Maria.

Ihr werdet doch aufgehängt, weil ihr so lange ausgeblieben seyd, oder weggejagt: und ist das für euch nicht eben so gut als hängen?

Narr.

Gut gehängt ist besser als schlecht verheyrathet, und das Wegjagen kümmert mich nicht, so lange es Sommer ist.

Maria.

Ihr seyd also kurz angebunden?

Narr.

Das just nicht, aber ich halte es mit einer doppelten Schnur.

Maria.

Damit, wenn die eine reißt, die andre noch hält: wenn aber beyde reißen, so fallen eure Pumphosen herunter.

Narr.

Geschickt, meiner Treu! recht geschickt! Nun, nur zu! Wenn Junker Tobias das Trinken lassen wollte,

so

so wärst du so eine witzige Tochter Eva's wie eine in ganz Illyrien.

Maria.

Stille, Schelm! Nichts weiter davon! Ihr thätet wohl, wenn ihr euch vernünftig entschuldigtet.
ab.

Olivia und Malvolio treten auf.

Narr.

Witz, so es dein Wille ist, so hilf mir zu einer guten Posse! Die witzigen Leute, die dich zu haben glauben, werden oft zu Narren; und ich, der ich gewiß weiß, daß du mir fehlst, kann für einen weisen Mann gelten. Denn was sagt Quinapalus? Besser ein weiser Thor, als ein thörichter Weiser. Gott grüß' euch, Fräulein!

Olivia.

Schafft das Narrengesicht weg!

Narr.

Hört ihr nicht, Leute? Schafft das Fräulein weg!

Olivia.

Geht, ihr seyd ein trockner Narr; ich will nichts mehr von euch wissen. Überdieß fangt ihr an, euch schlecht aufzuführen.

Narr.

Zwey Fehler, Madonna, denen Getränk und guter Rath abhelfen können. Denn gebt dem trocknen

Narren zu trinken, so ist der Narr nicht mehr trocken. Rathet dem schlechten Menschen sich zu bessern: wenn er sich bessert, so ist er kein schlechter Mensch mehr; kann er nicht, so mag ihn der Schneider flicken. Denn alles, was ausgebessert wird, ist doch nur geflickt. Tugend, die sich vergeht, ist nur mit Sünde geflickt; Sünde, die sich bessert, ist nur mit Tugend geflickt. Reicht dieser einfältige Schluß hin: gut! Wo nicht: was ist zu machen? Wie es keinen wahren Hahnrey giebt, außer das Unglück, so ist die Schönheit eine Blume. — Das Fräulein wollte das Narrengesicht weggeschafft haben, darum sage ich noch einmal: schafft das Fräulein weg!

Olivia.

Guter Freund, ich wollte euch weggeschafft haben.

Narr.

Ein ganz gewaltiger Misgriff! — Fräulein, cucullus non facit monachum; das will so viel sagen: mein Gehirn ist nicht so buntscheckig wie mein Rock. Gute Madonna, erlaubt mir eure Narrheit zu beweisen.

Olivia.

Könnt ihr's?

Narr.

Gar füglich, liebe Madonna.

Olivia.

Führt den Beweis.

Narr.

Ich muß euch dazu katechisiren, Madonna: antwortet mir.

Olivia.

Ich bins zufrieden; aus Mangel an anderm Zeitvertreibe will ich euern Beweis anhören.

Narr.

Gute Madonna, warum trauerst du?

Olivia.

Guter Narr, um meines Bruders Tod.

Narr.

Ich glaube, seine Seele ist in der Hölle, Madonna.

Olivia.

Ich weiß, seine Seele ist im Himmel, Narr.

Narr.

Desto größer ist eure Narrheit, darüber zu trauren daß eures Bruders Seele im Himmel ist. — Schafft das Narrengesicht weg, Leute!

Olivia.

Was denkt ihr von diesem Narren, Malvolio? Wird er nicht besser?

Malvolio.

Ja wohl, und wird damit fortfahren, bis er in den letzten Zügen liegt. Die Schwachheit des Alters, die den vernünftigen Mann herunterbringt, macht den Narren immer besser.

Narr.

Gott beschere euch frühzeitige Schwachheit, damit eure Narrheit desto besser zunehme! Junker Tobias wird darauf schwören, daß ich kein Fuchs bin, aber er wird nicht einen Dreyer darauf verwetten, daß ihr kein Narr seyd.

Olivia.

Was sagt ihr dazu, Malvolio?

Malvolio.

Ich wundre mich, wie Euer Gnaden an solch einem ungesalznen Schuft Gefallen finden können. Ich sah ihn neulich von einem gewöhnlichen Narren, der nicht mehr Gehirn hat wie ein Haubenstock, aus dem Sattel gehoben. Seht nur, er ist schon aus seiner Fassung: wenn ihr nicht lacht, und ihm die Gelegenheiten zuträgt, so ist ihm der Mund zugenäht. Auf meine Ehre, ich halte die vernünftigen Leute, die über diese bestallten Narren so vor Freuden krähen, für nichts besser als für die Hanswurste der Narren.

Olivia.

O ihr krankt an der Eigenliebe, Malvolio, und kostet mit einem verdorbnen Geschmack. Wer edelmüthig, schuldlos, und von freyer Gesinnung ist, nimmt diese Dinge für Vögelbolzen, die ihr als Kanonenkugeln anseht. Ein privilegirter Narr verläumdet nicht, wenn er auch nichts thut als verspotten; so wie ein Mann, der als verständig bekannt ist, nicht verspottet, wenn er auch nichts thut als tadeln.

Narr.

Nun, Merkur verleihe dir die Gabe des Aufschneidens, weil du so gut von den Narren sprichst!

Maria kommt.

Maria.

Mein Fräulein, vor der Thür ist ein junger Herr, der sehr mit euch zu sprechen wünscht.

Olivia.

Vom Grafen Orsino, nicht wahr?

Maria.

Ich weiß nicht, mein Fräulein; es ist ein hübscher junger Mann mit einer stattlichen Begleitung.

Olivia.

Wer von meinen Leuten hält ihn auf?

Maria.

Junker Tobias, euer Vetter.

Olivia.

Sucht den doch da wegzubringen, er spricht ja immer wie ein toller Mensch. Pfui doch! — Maria ab. Geht ihr, Malvolio. Wenn es ein Gesuch vom Grafen ist, so bin ich krank oder nicht zu Hause, was ihr wollt, um es los zu werden. Malvolio ab. Ihr seht nun, wie eure Possen versauern, und die Leute sie nicht mehr mögen.

Narr.

Du haſt für uns geredet, Madonna, als wenn dein älteſter Sohn ein Narr werden ſollte, deſſen Schädel die Götter mit Gehirn vollſtopfen mögen, denn hier kommt einer von deiner Sippſchaft, der eine ſehr ſchwache pia mater hat.

Junker Tobias tritt auf.

Olivia.

Auf meine Ehre, halb betrunken. — Wer iſt vor der Thür, Vetter?

Junker Tobias.

Ein Herr.

Olivia.

Ein Herr? Was für ein Herr?

Junker Tobias.

'S iſt ein Herr da — Es ſtößt ihm auf. Hohl der Henker die Heringe! — Was machſt du, Pinſel?

Narr.

Beſter Junker Tobias —

Olivia.

Vetter, Vetter! wie kommt ihr ſchon ſo früh in dieſen widerlichen Zuſtand?

Junker Tobias.

Liederlichen? Schade was fürs Liederliche! — Es iſt jemand vor der Thür.

Olivia.

Nun gut, wer iſt es?

Junker Tobias.
Meinetwegen der Teufel, wenn er Lust hat: was kümmerts mich? Glaubt mir, sag' ich euch. — Nun, es kommt alles auf eins heraus. ab.
Olivia.
Womit ist ein Betrunkener zu vergleichen?
Narr.
Mit einem Ertrunkenen, einem Narren und einem Tollen. Der erste Trunk über den Durst macht ihn zum Narren, der zweyte toll, und der dritte ersäuft ihn.
Olivia.
Geh, hohl den Todtenbeschauer, und laß ihn meinen Vetter in Augenschein nehmen, denn er ist im dritten Grade der Trunkenheit; er ist ertrunken. Geh, gieb Acht auf ihn.
Narr.
Bis jetzt ist er nur noch toll, Madonna; und der Narr wird auf den Tollen Acht geben. ab.

Malvolio kommt zurück.
Malvolio.
Gnädiges Fräulein, der junge Mensch draußen betheuert, daß er mit euch sprechen will. Ich sagte ihm, ihr wäret krank: er behauptet, davon habe er schon gehört, und daher komme er, um mit euch zu sprechen. Ich sagte ihm, ihr schliefet: er scheint

auch das voraus gewußt zu haben, und kommt daher, um mit euch zu sprechen. Was soll man ihm sagen, gnädiges Fräulein? Er ist gegen jede Ausflucht gewaffnet.

Olivia.

Sagt ihm, daß er mich nicht sprechen soll.

Malvolio.

Das habe ich ihm schon gesagt, aber er versichert, er wolle wie ein Schilderhaus Tag und Nacht vor eurer Thür stehn, bis ihr ihn vorlaßt.

Olivia.

Was für eine Art von Menschen ist es?

Malvolio.

Von einer sehr unartigen Art: er will mit euch sprechen, ihr mögt wollen oder nicht.

Olivia.

Wie ist sein Äußerliches und seine Jahre?

Malvolio.

Noch nicht alt genug für einen Mann, und nicht jung genug für einen Knaben: er ist weder recht Fisch noch Fleisch; so eben auf der Gränze zwischen Mann und Knaben. Er hat ein artiges Gesicht und spricht sehr naseweis; er sieht aus wie ein rechtes Muttersöhnchen.

Olivia.

Laßt ihn herein: doch ruft mein Kammermädchen.

Malvolio.

Kammermädchen, das Fräulein ruft.   ab.

Maria kommt zurück.
Olivia.
Gieb mir den Schleyer! komm, wirf mir ihn über.
Ich will noch 'mal Orsino's Botschaft hören.

Viola tritt auf.

Viola.
Wer ist die Dame vom Hause?
Olivia.
Wendet euch an mich, ich will für sie antworten. Was beliebt euch?
Viola.
Allerstrahlendste, auserlesene und unvergleichliche Schönheit. — Ich bitte euch, sagt mir wer die Dame vom Hause ist, denn ich sah sie noch nie. Ich möchte nicht gerne meine Rede verkehrt anbringen, denn außerdem, daß sie meisterhaft abgefaßt ist, habe ich mir viele Mühe gegeben sie auswendig zu lernen. Meine Schönen, habt mich nicht zum Besten: ich bin erstaunlich empfindlich, selbst gegen die geringste üble Begegnung.
Olivia.
Woher kommt ihr, mein Herr?
Viola.
Ich kann wenig mehr sagen als ich studirt habe, und diese Frage steht nicht in meiner Rolle. Liebes Kind, gebt mir eine ordentliche Versicherung,

ob ihr die Dame vom Hause seyd, damit ich in meiner Rede fortfahren kann.

Olivia.

Seyd ihr ein Schauspieler?

Viola.

Nein, mein verschwiegnes Herz! Und doch schwöre ich euch bey allen Schlingen der Arglist, ich bin nicht was ich spiele. Seyd ihr die Dame vom Hause?

Olivia.

Wenn ich mir nicht zu viel über mich selbst anmaaße, so bin ich es.

Viola.

Gewiß, wenn ihr es seyd, so maaßt ihr euch zu viel über euch selbst an: denn was euer ist, es zu gewähren, ist nicht euer, um es zu verweigern. Doch dieß gehört nicht mit zu meinem Auftrage: ich will in meiner Rede zu euerm Lobe fortfahren, und euch dann den Kern meiner Botschaft darreichen.

Olivia.

Kommt auf das Wesentliche; ich erlasse euch das Lob.

Viola.

Ach! ich habe mir so viel Mühe gegeben es auswendig zu lernen, und es ist poetisch.

Olivia.

Um so eher mag es erdichtet seyn; ich bitte euch.

behaltet es für euch. Ich hörte, ihr hättet euch
vor meiner Thür unartig aufgeführt, und erlaubte
euch den Zutritt, mehr um mich über euch zu ver-
wundern, als um euch anzuhören. Wenn ihr nicht
unklug seyd, so geht; wenn ihr Vernunft habt,
seyd kurz; es ist bey mir nicht das Wetter darnach, in einem so grillenhaften Gespräch eine Person abzugeben.

Maria.

Wollt ihr unter Segel gehn, Herr? Hier geht euer
Weg hin.

Viola.

Nein, guter Schiffsjunge; ich will hier noch ein
wenig länger herumkreuzen. — Macht doch euere
Riesen da ein wenig zahm, mein schönes Fräulein.

Olivia.

Sagt, was ihr wollt.

Viola.

Ich bin ein Botschafter.

Olivia.

Gewiß, ihr müßt etwas entsetzliches anzubringen
haben, da ihr so furchtbare Ceremonien dabey
macht. Sagt euern Auftrag.

Viola.

Er ist nur für euer Ohr bestimmt. Ich bringe keine Kriegserklärung, fodre keine Huldigung ein; ich
halte den Öhlzweig in meiner Hand, und rede
nichts als Worte des Friedens.

Olivia.

Doch begannt ihr ungestüm. Wer seyd ihr? Was wollt ihr?

Viola.

Den Ungestüm, den ich blicken ließ, lernte ich von meiner Aufnahme. Was ich bin, und was ich will, ist so geheim wie jungfräuliche Reize: für euer Ohr Offenbarung, für jedes andre Entweihung.

Olivia.

Laß uns das Feld allein. Maria ab.
Wir wollen diese Offenbarung vernehmen. Nun, Herr, wie lautet euer Text?

Viola.

Schönstes Fräulein —

Olivia.

Eine tröstliche Lehre und läßt sich viel darüber sagen. Wo steht euer Text?

Viola.

In Orsino's Brust.

Olivia.

In seiner Brust? In welchem Kapitel seiner Brust?

Viola.

Um methodisch zu antworten, im ersten seines Herzens.

Olivia.

O ich hab' es gelesen; es ist Ketzerey. Habt ihr weiter nichts zu sagen?

Viola.

Liebes Fräulein, laßt mich euer Gesicht sehn.
Olivia.

Habt ihr irgend einen Auftrag von eurem Herrn mit meinem Gesicht zu verhandeln? Jetzt seyd ihr aus dem Text gekommen. Doch will ich den Vorhang wegziehn, und euch das Gemählde weisen. Sie entschleyert sich. Seht, Herr, so sah ich in diesem Augenblick aus. Ist die Arbeit nicht gut?

Viola.

Vortrefflich, wenn sie Gott allein gemacht hat.
Olivia.

Es ist ächte Farbe, Herr; es hält Wind und Wetter aus.

Viola.

'S ist reine Schönheit, deren Roth und Weiß
Natur mit zarter, schlauer Hand verschmelzte,
Fräulein, ihr seyd die grausamste die lebt,
Wenn ihr zum Grabe diese Reize tragt,
Und laßt der Welt kein Abbild.

Olivia.

O Herr, ich will nicht so hartherzig seyn: ich will Verzeichnisse von meiner Schönheit ausgehn lassen; es wird ein Inventarium davon gemacht, und jedes Theilchen und Stückchen meinem Testamente angehängt: als item, zwey leidlich rothe Lippen; item, zwey blaue Augen nebst Augenliedern dazu;

item, ein Hals, ein Kinn und so weiter. Seyd
ihr hieher geschickt um mich zu taxiren?
Viola.
Ich seh' euch, wie ihr seyd: ihr seyd zu stolz;
Doch wärt ihr auch der Teufel, ihr seyd schön.
Mein Herr und Meister liebt euch: solche Liebe
Kann nur vergolten werden, würdet ihr
Als Schönheit ohne Gleichen auch gekrönt.
Olivia.
Wie liebt er mich?
Viola.
Mit Thränenflut der Anbetung, mit Stöhnen,
Das Liebe donnert, und mit Flammenseufzern.
Olivia.
Er kennt mich, daß ich ihn nicht lieben kann.
Doch halt' ich ihn für tugendhaft, ich weiß
Daß er von edlem Stamm, von großen Gütern
In frischer fleckenloser Jugend blüht;
Geehrt vom Ruf, gelehrt, freygebig, tapfer,
Und von Gestalt und Gaben der Natur
Ein feiner Mann; doch kann ich ihn nicht lieben.
Er konnte längst sich den Bescheid ertheilen.
Viola.
O liebt' ich euch mit meines Herren Glut,
Mit solcher Pein, so todesgleichem Leben,
Ich fänd' in euerm Weigern keinen Sinn,
Ich würd' es nicht verstehn.

Olivia.
Nun wohl, was thätet ihr?
Viola.
Ich baut' an eurer Thür ein Weidenhüttchen,
Und riefe meiner Seel' im Hause zu,
Schrieb fromme Lieder der verschmähten Liebe,
Und sänge laut sie durch die stille Nacht,
Ließ euern Nahmen an die Hügel hallen,
Daß die vertraute Schwätzerin der Luft
Olivia schriee. O ihr solltet mir
Nicht Ruh genießen zwischen Erd und Himmel,
Bevor ihr euch erbarmt!
Olivia.
Wer weiß, wie weit
Ihrs bringen könntet! Wie ist eure Herkunft?
Viola.
Obschon mir's wohl geht, über meine Lage:
Ich bin ein Edelmann.
Olivia.
Geht nur zu eurem Herrn:
Ich lieb' ihn nicht, laßt ihn nicht weiter schicken,
Wo ihr nicht etwa wieder zu mir kommt,
Um mir zu melden wie er's nimmt. Lebt wohl!
Habt Dank für eure Müh! Denkt mein hiebei!
Viola.
Steckt euern Beutel ein, ich bin kein Bote;
Mein Herr bedarf Vergeltung, nicht ich selbst.

Die Liebe härte dessen Herz zu Stein,
Den ihr einst liebt, und der Verachtung nur
Sey eure Glut, wie meines Herrn, geweiht!
Gehabt euch wohl dann, schöne Grausamkeit! ab.

Olivia.

Wie ist eure Herkunft?
«Obschon mir's wohl geht, über meine Lage:
«Ich bin ein Edelmann.» — Ich schwöre drauf;
Dein Antlitz, deine Zunge, die Gebährden,
Gestalt und Muth, sind dir ein fünffach Wapen.
Doch nicht zu hastig! nur gemach, gemach!
Der Diener müßte denn der Herr seyn. — Wie?
Weht Ansteckung so gar geschwind uns an?
Mich däucht, ich fühle dieses Jünglings Guben
Mit unsichtbarer leiser Überraschung
Sich in mein Auge schleichen. — Wohl, es sey!
Heda, Malvolio!

Malvolio kommt.

Malvolio.

Hier, Fräulein; zu Befehl.

Olivia.

Lauft diesem eigensinn'gen Abgesandten
Des Grafen nach; er ließ hier diesen Ring,
Was ich auch that: sagt ihm, ich woll' ihn nicht.
Nicht schmeicheln soll er seinem Herrn, noch ihn
Mit Hoffnung täuschen: nimmer werd' ich sein.
                                        Wenn

Wenn etwa morgen hier der junge Mensch
Vorsprechen will, soll er den Grund erfahren.
Mach fort, Malvolio!
Malvolio.
Das will ich, Fräulein. ab.
Olivia.
Ich thu', ich weiß nicht was: wofern nur nicht
Mein Auge mein Gemüth zu sehr besticht.
Nun walte, Schicksal! Niemand ist sein eigen;
Was seyn soll, muß geschehn: so mag sichs zeigen!
ab.

Zweyter Aufzug.

Erste Szene.
Die Seeküste.

Antonio und Sebastian treten auf.

Antonio.
Wollt ihr nicht länger bleiben? und wollt auch nicht, daß ich mit euch gehe?

Sebastian.
Mit eurer Erlaubniß, nein. Meine Gestirne schimmern dunkel auf mich herab: die Misgunst meines Schicksals könnte vielleicht das eurige anstecken. Ich muß mir daher eure Einwilligung ausbitten, meine Leiden allein zu tragen. Es wär' ein schlechter Lohn für eure Liebe, euch irgend etwas davon aufzubürden.

Antonio.

Laßt mich doch noch wissen, wohin ihr euren Weg richtet.

Sebastian.

Nein, Herr, verzeiht mir! Die Reise, die ich vorhabe, ist nichts als ein toller Einfall. Doch werde ich an euch einen vortreflichen Zug von Bescheidenheit gewahr, daß ihr mir nicht abnöthigen wollt, was ich zu verschweigen wünsche; um so eher verbindet mich gute Sitte, mich euch zu offenbaren. Mein Vater war der Sebastian von Metelin, von dem ihr, wie ich weiß, gehört habt. Er hinterließ mich und eine Schwester, beyde in einer Stunde gebohren: hätt' es dem Himmel gefallen, so wollt' ich, wir hätten auch so geendigt! Aber dem kamt ihr zuvor: denn etwa eine Stunde, ehe ihr mich aus dem Schiffbruch rettetet, war meine Schwester ertrunken.

Antonio.

Guter Himmel!

Sebastian.

Sie war ein Mädchen, das, ob man gleich sagte, sie sehe mir sehr ähnlich, von vielen für schön gehalten ward; aber konnt' ich auch darin nicht mit so übertriebner Bewundrung einstimmen, so darf ich doch kühnlich behaupten, ihr Gemüth war so geartet, daß der Neid es selbst schön nennen muß.

te. Sie ertrank in der salzigen Flut, ob ich gleich
ihr Andenken von neuem damit zu ertränken scheine.
Antonio.
Verzeiht mir, Herr, eure schlechte Bewirthung.
Sebastian.
O bester Antonio, vergebt mir eure Beschwerden.
Antonio.
Wenn ihr mich nicht für meine Liebe umbringen
wollt, so laßt mich euern Diener seyn.
Sebastian.
Wenn ihr nicht zerstören wollt, was ihr gethan,
nämlich den umbringen, den ihr gerettet habt, so
verlangt es nicht. Lebt ein für allemal wohl!
Mein Herz ist voller Zärtlichkeit, und ich habe noch
so viel von der Art meiner Mutter an mir, wenn
ihr mir noch den geringsten Anlaß gebt, werden
meine Augen davon überfließen. Ich will zum Ho-
fe des Grafen Orsino: lebt wohl! ab.
Antonio.
Mög' aller Götter Milde dich geleiten! —
Ich hab' am Hofe Orsino's viele Feinde,
Sonst ging' ich nächstens hin, dich dort zu sehn.
Doch mags drum seyn! Du liegst mir so am Herzen
Ich will zu dir, und mit Gefahren scherzen. ab.

Zweyte Szene.

Eine Straße.

—

Viola, Malvolio ihr nachgehend.

Malvolio.
Wart ihr nicht eben jetzt bey der Gräfin Olivia?
Viola.
Eben jetzt, mein Herr, in einem mäßigen Schritte bin ich seitdem nur bis hieher gekommen.
Malvolio.
Sie schickt euch diesen Ring wieder, Herr; ihr hättet mir die Mühe sparen können, wenn ihr ihn selbst mitgenommen hättet. Sie fügt außerdem hinzu, ihr solltet euern Herrn aufs bündigste bedeuten, daß sie ihn nicht will. Noch eins: ihr möchtet euch niemals erdreusten in seinen Angelegenheiten wieder zu ihr zu kommen, es wäre denn um zu berichten, wie euer Herr dieß aufgenommen hat. So nehmt ihn hin!
Viola.
Sie nahm den Ring von mir, ich will ihn nicht.
Malvolio.
Hört, ihr habt ihn ihr ungestüm hingeworfen, und

ihr Wille ist, ich soll ihn eben so zurückgeben. Ist
es der Mühe werth sich darnach zu bücken, so liegt
er hier vor euern Augen; wo nicht, so nehm' ihn
der erste, der ihn findet. ab.

Viola.
Ich ließ ihr keinen Ring: was meynt dieß Fräu-
lein?
Verhüte, daß mein Schein sie nicht bethört!
Sie faßt' ins Auge mich; fürwahr so sehr,
Als ließ sie ganz die Zunge aus den Augen.
Sie sprach verwirrt in abgebrochnen Reden.
Sie liebt mich, ja! Die Schlauheit ihrer Neigung
Läd't mich durch diesen mürr'schen Boten ein.
Der Ring von meinem Herrn? — Er schickt' ihr
keinen:
Ich bin der Mann. — Wenn dem so ist, so thäte
Die Arme besser einen Traum zu lieben.
Verkleidung! Du bist eine Schalkheit, seh' ich,
Worin der list'ge Feind gar mächtig ist.
Wie leicht wirds hübschen Gleißnern nicht, ihr
Bild
Der Weiber weichen Herzen einzuprägen!
Nicht wir sind schuld, ach! unsre Schwäch' allein:
Wie wir gemacht sind, müssen wir ja seyn.
Wie soll das gehn? Orsino liebt sie zärtlich;
Ich armes Ding bin gleich verliebt in ihn,
Und sie, Betrogne, scheint in mich vergafft.

Was soll draus werden? Wenn ich Mann bin, muß
Ich an der Liebe meines Herrn verzweifeln;
Und wenn ich Weib bin: lieber Himmel, ach!
Wie fruchtlos wird Olivia seufzen müssen!
O Zeit! du selbst entwirre dieß, nicht ich;
Ein zu verschlungner Knoten ists für mich. *ab.*

Dritte Szene.

Ein Zimmer in Olivia's Hause.

Junker Tobias und Junker Christoph.

Junker Tobias.

Kommt, Junker Christoph! Nach Mitternacht nicht zu Bette seyn, heißt früh auf seyn, und *diluculo surgere,* weißt du —

Junker Christoph.

Nein, bey meiner Ehre, ich weiß nicht; aber ich weiß: spät aufbleiben ist spät aufbleiben.

Junker Tobias.

Ein falscher Schluß, mir so zuwider wie 'ne leere

Kanne. Nach Mitternacht auf seyn, und dann zu Bett gehn, ist früh; und also heißt nach Mitternacht zu Bett gehn, früh zu Bett gehn. Besteht unser Leben nicht aus den vier Elementen?

Junker Christoph.

Ja wahrhaftig, so sagen sie; aber ich glaube eher, daß es aus Essen und Trinken besteht.

Junker Tobias.

Du bist ein Gelehrter; laß uns also essen und trinken. — Heda Marie! — Ein Stübchen Wein!

Der Narr kommt.

Junker Christoph.

Da kommt der Narr, mein Seel.

Narr.

Was macht ihr Herzenskinder? Sollen wir im Wirthshaus zu den drey Narren einkehren?

Junker Tobias.

Willkommen, du Eselskopf! Laß uns einen Kanon singen.

Junker Christoph.

Mein Seel', der Narr hat eine prächtige Lunge. Ich wollte ein halb Dutzend Dukaten drum geben, wenn ich so 'ne Wade hätte, und so 'nen schönen Ton zum Singen, wie der Narr. Wahrhaftig, du brachtest gestern Abend charmante Possen vor, da du von Pigrogromitus erzähltest, von den Vapia-

nern, die die Linie von Queubas paſſiren. Es war
prächtig, meiner Treu. Ich ſchickte dir einen Batzen für dein Schätzchen. Haſt ihn gekriegt?

Narr.

Ich habe dein Präſent in den Sack geſteckt, denn
Malvolios Naſe iſt kein Peitſchenſtiel; mein Fräulein hat eine weiße Hand, und die Myrmidonier
ſind keine Bierhäuſer.

Junker Chriſtoph.

Herrlich! So geht das Spaßen am beſten wenn
alles vorbey iſt. Nun ſing' eins.

Junker Tobias.

Mach zu, da haſt du einen Batzen; laß uns ein
Lied hören.

Junker Chriſtoph.

Da haſt du auch einen von mir: was dem einen
recht iſt —

Narr.

Wollt ihr ein Liebeslied, oder ein Lied von gutem
Lebenswandel?

Junker Tobias.

Ein Liebeslied! ein Liebeslied!

Junker Chriſtoph.

Ja ja! ich frage nichts nach gutem Lebenswandel.

Narr ſingt.

O Schatz! auf welchen Wegen irrt ihr?
O bleibt und hört! der Liebſte girrt hier,

Singt in hoh- und tiefem Ton.
Hüpft nicht weiter, zartes Kindlein!
Liebe findt zuletzt ihr Stündlein,
Das weiß jeder Muttersohn.
Junker Christoph.
Exzellent, wahrhaftig!
Junker Tobias.
Schön! schön!
Narr singt.
Was ist Lieb'? Sie ist nicht künftig;
Gleich gelacht ist gleich vernünftig,
Was noch kommen soll, ist weit.
Wenn ich zögre, so verscherz' ich;
Komm denn, Liebchen, küß mich herzig!
Jugend hält so kurze Zeit.
Junker Christoph.
Eine honigsüße Stimme, so wahr ich ein Junker bin!
Junker Tobias.
Eine reine Kehle!
Junker Christoph.
Recht süß und rein, wahrhaftig!
Junker Tobias.
Ja, wenn man sie durch die Nase hört, süß bis zum Übelwerden. Aber sollen wir den Himmel voll Geigen hängen? Sollen wir die Nachteule mit einem Kanon aufstören, der einem Leinweber drey Seelen aus dem Leibe haspeln könnte?

Junker Christoph.

Ja, wenn ihr mich lieb habt, so thut das. Ich bin wie der Teufel auf einen Kanon. Stimmt an: «Du Schelm —

Narr.

«Halts Maul, du Schelm?» Da würd' ich ja genöthigt seyn, dich Schelm zu nennen, Junker.

Junker Christoph.

Es ist nicht das erste Mal, das ich jemand nöthige, mich Schelm zu nennen. Fang' an, Narr! Es fängt an: «Halts Maul!»

Narr.

Ich kann niemals anfangen, wenn ich das Maul halte.

Junker Christoph.

Das ist, mein Seel, gut! Nu fang' an.

Sie singen einen Kanon.

Maria kommt.

Maria.

Was macht ihr hier für ein Katzenkonzert? Wenn das Fräulein nicht ihren Haushofmeister Malvolio gerufen hat, daß er euch aus dem Hause werfen soll, so will ich nicht ehrlich seyn.

Junker Tobias.

Das Fräulein ist ein Duckmäuser; wir sind Kannengießer; Malvolio ist eine alte Käthe, und singt:

Drey lust'ge Kerle sind allhier.
Bin ich nicht ihr Blutsverwandter? Bin ich nicht
aus ihrem Geblüt? lala, Fräulein! *singt:*
In Babylon da wohnt ein Mann,
Lalalalalala!

Narr.

Weiß der Himmel! der Junker giebt prächtige Narrenstreiche an.

Junker Christoph.

Ja, das kann er so ziemlich, wenn er aufgelegt ist, und ich auch. Ihm steht es besser, aber mir steht es natürlicher.

Junker Tobias *singt.*
Am zwölften Tag im Wintermond —
Narr.
Um des Himmels willen, still!

Malvolio kommt.

Malvolio.

Seyd ihr toll, ihr Herren? oder was seyd ihr? Habt ihr keine Scham noch Schande, daß ihr so spät in der Nacht wie Zahnbrecher schreyt? Wollt ihr des gnädigen Fräuleins Haus zur Schenke machen, daß ihr eure Schuhflickermelodien mit so unbarmherziger Stimme herausquäckt? Könnt ihr weder Maaß noch Ziel halten?

Junker Tobias.

Wir haben bey unserm Singen recht gut Maaß gehalten. Geht zum Kuckuck!

Malvolio.

Junker Tobias, ich muß rein heraus mit euch sprechen. Das gnädige Fräulein trug mir auf euch zu sagen, ob sie euch gleich als Verwandten beherbergt, so habe sie doch nichts mit euren Unordnungen zu schaffen. Wenn ihr euch von eurer üblen Aufführung losmachen könnt, so seyd ihr in ihrem Hause willkommen. Wo nicht, und es beliebt euch Abschied von ihr zu nehmen, so wird sie euch sehr gern Lebewohl sagen.

Junker Tobias singt.

Leb wohl mein Schatz, ich muß von hinnen gehen.

Malvolio.

Ich bitt' euch, Junker Tobias.

Narr singt.

Man siehts ihm an, bald ists um ihn geschehn.

Malvolio.

Wollt ihr es durchaus nicht lassen?

Junker Tobias singt.

Ich sterbe nimmermehr.

Narr singt.

Da, Junker, lügt ihr sehr.

Malvolio.
Es macht euch wahrhaftig viel Ehre.
Junker Tobias singt.
Heiß' ich gleich ihn gehn?
Narr singt.
Was wird daraus entstehn?
Junker Tobias singt.
Heiß' ich gleich ihn gehn, den Wicht?
Narr singt.
Nein, nein, nein, ihr wagt es nicht.
Junker Tobias.
Aus dem Takt, Kerl! gelogen! — Bist du was mehr als ein Haushofmeister? Vermeynest du, weil du tugendhaft seyest, solle es in der Welt keine Torten und keinen Wein mehr geben?
Narr.
Das solls, bey Sankt Kathrinen! und der Ingwer soll euch noch im Munde brennen.
Junker Tobias.
Du hast Recht. — Geht, Herr, thut groß gegen das Gesinde. — Ein Stübchen Wein, Maria!
Malvolio.
Jungfer Maria, wenn ihr euch das geringste aus der Gnade des Fräuleins machtet, so würdet ihr diesem unfeinen Lebenswandel keinen Vorschub geben. Sie soll es wissen, bey meiner Ehre. ab.

Maria.

Geh und brumme nach Herzenslust.

Junker Christoph.

Es wäre eben so ein gutes Werk, als zu trinken wenn man hungrig ist, wenn ihn einer herausfoderte, und ihm dann sein Wort nicht hielte und ihn zum Narren hätte.

Junker Tobias.

Thu das, Junker; ich will dir eine Ausfoderung schreiben, oder ich will ihm deine Entrüstung mündlich kund thun.

Maria.

Lieber Junker Tobias, haltet euch nur diese Nacht still: seit der junge Mann vom Grafen heute bey dem Fräulein war, ist sie sehr unruhig. Mit Müsje Mulvolio laßt mich nur machen. Wenn ich ihn nicht so foppe, daß er zum Sprichwort und zum allgemeinen Gelächter wird, so glaubt nur, daß ich nicht gescheidt genug bin, um grade im Bette zu liegen. Ich bin meiner Sache gewiß.

Junker Tobias.

Laß hören! laß hören! Erzähle uns was von ihm.

Maria.

Nun Herr, er ist manchmal eine Art von Pietisten.

Junker Christoph.

O, wenn ich das wüßte, so wollte ich ihn hundemäßig prügeln.

Junker Tobias.

Was? Weil er ein Pietist ist? Deine wohl erwogenen Gründe, Herzensjunker?

Junker Christoph.

Wohl erwogen sind meine Gründe eben nicht, aber sie sind doch gut genug.

Maria.

Den Henker mag er ein Pietist, oder sonst etwas anders auf die Dauer seyn, als einer der den Mantel nach dem Winde hängt. Ein gezierter Esel, der vornehme Redensarten auswendig lernt, und sie bey großen Brocken wieder von sich giebt; aufs beste mit sich selbst zufrieden, wie er meynt so ausgefüttert mit Vollkommenheiten, daß es ein Glaubensartikel bey ihm ist, wer ihn ansieht, müsse sich in ihn verlieben. Dieß Laster an ihm wird meiner Rache vortrefflich zu Statten kommen.

Junker Tobias.

Was hast du vor?

Maria.

Ich will ihm unverständliche Liebesbriefe in den Weg werfen, worin er sich nach der Farbe seines Bartes, dem Schnitt seiner Waden, der Weise seines Ganges, nach Augen, Stirn und Gesichtsfarbe handgreiflich abgeschildert finden soll. Ich kann genau so wie das Fräulein, eure Nichte, schreiben: wenn uns ein Zettel über eine vergeßne Sache vorkommt.

kommt, so können wir unsre Hände kaum unter-
scheiden.
                    Junker Tobias.
Herrlich! ich wittre den Pfiff.
                    Junker Christoph.
Er sticht mir auch in der Nase.
                    Junker Tobias.
Er soll denken, die Briefe, die du ihm in den Weg
fallen lässest, kämen von meiner Nichte, und sie
wäre in ihn verliebt.
                    Maria.
Ja, so sieht der Handel ungefähr aus.
                    Junker Christoph.
O, es wird prächtig seyn!
                    Maria.
Ein königlicher Spaß, verlaßt euch drauf: ich weiß,
mein Tränkchen wird bey ihm wirken. Ich will
euch beyde — der Narr kann den dritten Mann
abgeben — auf die Lauer stellen, wo er den Brief
finden soll. Gebt Acht, wie er ihn auslegt. Für
heute Nacht zu Bett, und laßt euch von der Kurz-
weil träumen. Adieu.   ab.
                    Junker Tobias.
Gute Nacht, Amazone.
                    Junker Christoph.
In meinen Augen ist sie 'ne brave Dirne.
                         O

####### Junker Tobias.
Sie ist ein artiges Käßchen, und sie betet mich an doch was will das sagen?
####### Junker Christoph.
Ich wurde auch einmal angebetet.
####### Junker Tobias.
Komm zu Bett, Junker. — Es thäte Noth, daß du dir Geld kommen ließest.
####### Junker Christoph.
Wenn ich eure Nichte nicht habhaft werden kann, so habe ich mich schlimm gebettet.
####### Junker Tobias.
Laß Geld kommen, Junker; wenn du sie nicht am Ende noch kriegst, so will ich Matz heißen.
####### Junker Christoph.
Wenn ich sie nicht kriege, so bin ich kein ehrlicher Kerl, nehmts wie ihr wollt.
####### Junker Tobias.
Komm, komm! Ich will gebrannten Wein zurecht machen, es ist jetzt zu spät zu Bette zu gehn. Komm, Junker! komm, Junker! ab.

Vierte Szene.

Ein Zimmer im Palaste des Herzogs.

Der Herzog, Viola, Curio und Andre treten auf.

Herzog.
Macht mir Musik! — Ey guten Morgen, Freunde! —
Nun dann, Cesario, jenes Stückchen nur,
Das alte schlichte Lied von gestern Abend!
Mich dünkt, es linderte den Gram mir sehr,
Mehr als gesuchte Wort' und lustge Weisen
Aus dieser raschen wirbelfüß'gen Zeit.
Kommt! eine Strophe nur!

Curio.
Euer Gnaden verzeihn, der es singen sollte, ist nicht hier.

Herzog.
Wer war es?

Curio.
Fest, der Spaßmacher, gnädiger Herr; ein Narr, an dem Fräulein Olivia's Vater großes Behagen fand. Er wird nicht weit von hier seyn.

Herzog.
So sucht ihn auf, und spielt die Weis' indeß.
Curio ab. Musik.

Komm näher, Junge. — Wenn du jemals liebst,
Gedenke meiner in den süßen Qualen.
Denn so wie ich sind alle Liebenden,
Unstät und launenhaft in jeder Regung,
Das stäte Bild des Wesens ausgenommen,
Das ganz geliebt wird. — Magst du diese Weise?

Viola.
Sie giebt ein rechtes Echo jenem Sitz,
Wo Liebe thront.

Herzog.
Du redest meisterhaft.
Mein Leben wett' ich drauf, jung wie du bist,
Hat schon dein Aug' um werthe Gunst gebuhlt.
Nicht, Kleiner?

Viola.
Ja, mit eurer Gunst, ein wenig.

Herzog.
Was für ein Mädchen ists?

Viola.
Von eurer Farbe.

Herzog.
So ist sie dein nicht werth. Von welchem Alter?

Viola.
Von euerm etwa, gnäd'ger Herr.

Herzog.

Zu alt, beym Himmel! Wähle doch das Weib
Sich einen Ältern stets! So fügt sie sich ihm an,
So herrscht sie dauernd in des Gatten Brust.
Denn, Knabe, wie wir uns auch preisen mögen,
Sind unsre Neigungen doch wankelmüth'ger,
Unsichrer, schwanker, leichter her und hin
Als die der Frau'n.

Viola.

Ich glaub' es, gnäd'ger Herr.

Herzog.

So wähl' dir eine jüngere Geliebte,
Sonst hält unmöglich deine Liebe Stand.
Denn Mädchen sind wie Rosen: kaum entfaltet,
Ist ihre holde Blüthe schon veraltet.

Viola.

So sind sie auch: ach! muß ihr Loos so seyn,
Zu sterben, grad' im herrlichsten Gedeihn?

Curio kommt zurück und der Narr.

Herzog.

Komm, Bursch! Sing uns das Lied von gestern
Abend.
Gieb Acht, Cesario, es ist alt und schlicht;
Die Spinnerinnen in der freyen Luft,
Die jungen Mägde, wenn sie Spitzen weben,
So pflegen sie's zu singen; 's ist einfältig.

Und tändelt mit der Unschuld süßer Liebe
So wie diß alte Zeit.

Narr.

Seyd ihr bereit, Herr?

Herzog.

Ja, sing', ich bitte dich.

Narr singt.

   Komm herbey, komm herbey, Tod!
Und versenk' in Cypressen den Leib.
   Laß mich frey, laß mich frey, Noth!
Mich erschlägt ein holdseliges Weib.
Mit Rosmarin mein Leichenhemd,
   O bestellt es!
Ob Lieb' ans Herz mir tödtlich kömmt,
   Treu' hält es.

   Keine Blum', keine Blum' süß
Sey gestreut auf dem schwärzlichen Sarg.
   Keine Seel', keine Seel' grüß'
Mein Gebein, wo die Erd' es verbarg.
   Um Ach und Weh zu wenden ab,
     Bergt alleine
Mich, wo kein Treuer wall' ans Grab,
   Und weine.

Herzog.

Da hast du was für deine Mühe.

Narr.
Keine Mühe, Herr; ich finde Vergnügen am Singen.
Herzog.
So will ich dein Vergnügen bezahlen.
Narr.
Gut, Herr; das Vergnügen macht sich über kurz oder lang immer bezahlt.
Herzog.
Erlaube mir, dich zu beurlauben.
Narr.
Nun, der schwermüthige Gott beschirme dich, und der Schneider mache dir ein Wams von Schillertaft, denn dein Gemüth ist ein Opal, der in alle Farben spielt! Leute von solcher Beständigkeit sollte man auf die See schicken, damit sie alle Dinge treiben und nach allen Winden steuern müßten, denn wenn man nicht weiß wo man hin will, so kommt man am weitesten. — Gehabt euch wohl.

-ab.
Herzog.
Laßt uns, ihr Andern! —

Curio und Gefolge gehn ab.

Einmal noch, Cesario,
Begieb dich zu der schönen Grausamkeit:
Sag, meine Liebe, höher als die Welt,
Fragt nicht nach weiten Strecken staub'gen Landes;
Die Gaben, die das Glück ihr zugetheilt,

„Sag' ihr, sie wiegen leicht mir wie das Glück.
Das Kleinod ists, der Wunderschmuck, worein
Natur sie faßte, was mich an sie zieht.
Viola.
Doch, Herr, wenn sie euch nun nicht lieben kann?
Herzog.
Die Antwort nehm' ich nicht.
Viola.
Ihr müßt ja doch.
Denkt euch ein Mädchen, wie's vielleicht eins giebt,
Fühl' eben solche Herzenspein um euch
Als um Olivien ihr; ihr liebt sie nicht,
Ihr sagt's ihr: muß sie nicht die Antwort nehmen?
Herzog.
Nein, keines Weibes Brust
Erträgt der Liebe Andrang, wie sie klopft
In meinem Herzen; keines Weibes Herz
Umfaßt so viel; sie können nicht beharren.
Ach, deren Liebe kann Gelust nur heißen;
(Nicht Regung ihres Herzens, nur des Gaums)
Die Sattheit, Ekel, Überdruß erleiden.
Doch meine ist so hungrig wie die See,
Und kann gleich viel verdaun: vergleiche nimmer
Die Liebe, so ein Weib zu mir kann hegen,
Mit meiner zu Olivien.
Viola.
Ja, doch ich weiß —

Herzog.
Was weißt du? Sag mir an.
Viola.
Zu gut nur, was ein Weib für Liebe hegen kann.
Fürwahr, sie sind so treuen Sinns wie wir.
Mein Vater hatt' eine Tochter, welche liebte,
Wie ich vielleicht, wär' ich ein Weib, mein Fürst,
Euch lieben würde.
Herzog.
Was war ihr Lebenslauf?
Viola.
Ein leeres Blatt,
Mein Fürst. Sie sagte ihre Liebe nie,
Und ließ Verheimlichung, wie in der Knospe
Den Wurm, an ihrer Purpurwange nagen.
Sich härmend, und in bleicher, welker Schwermuth,
Saß sie wie die Geduld auf einer Gruft,
Dem Grame lächelnd. Sagt, war das nicht Liebe?
Wir Männer mögen leicht mehr sprechen, schwören,
Doch der Verheißung steht der Wille nach:
Wir sind in Schwüren stark, doch in der Liebe
schwach.
Herzog.
Starb deine Schwester dann an ihrer Liebe?
Viola.
Ich bin, was aus des Vaters Haus an Töchtern

Und auch von Brüdern blieb; und doch, ich weiß
nicht —
Soll ich zum Fräulein?
Herzog.
Ja, das ist der Punkt.
Auf! eile! Gieb ihr dieses Kleinod; sage
Daß ich noch Weigern, noch Verzug ertrage.
Beyde ab.

Fünfte Szene.
Olivia's Garten.

Junker Tobias, Junker Christoph und Fabio treten auf.

Junker Tobias.
Komm dieses Wegs, Signor Fabio.
Fabio.
Freylich werd' ich kommen. Wenn ich einen Gran von diesem Spaß verloren gehn lasse, so will ich in Melancholie zu Tode gebrüht werden.
Junker Tobias.
Würdest du dich nicht freun, den knauserigen hunds-

föttischen Spitzbuben in Schimpf und Schande gebracht zu sehen?

Fabio.

Ja, Freund, ich würde triumphiren; ihr wißt, er brachte mich einmal um die Gunst des gnädigen Fräuleins, wegen einer Fuchsprelle.

Junker Tobias.

Ihm zum Ärger soll der Fuchs noch einmal dran; und wir wollen ihn braun und blau prellen. Nicht wahr, Junker Christoph?

Junker Christoph.

So wir das nicht thäten, möchte sich der Himmel über uns erbarmen.

Maria kommt.

Junker Tobias.

Hier kömmt der kleine Schelm. — Nun wie stehts, mein Goldmädchen?

Maria.

Stellt euch alle drey hinter die Hecke: Malvolio kommt diesen Gang herunter. Er ist seit einer halben Stunde dort in der Sonne gewesen, und hat seinem eignen Schatten Künste gelehrt. Gebt Acht auf ihn, bey allem was lustig ist! Denn ich weiß, dieser Brief wird einen nachdenklichen Pinsel aus ihm machen. Still, so lieb euch ein Schwank ist! — Die Männer verbergen sich. Lieg du hier, Sie wirft den Brief hin. Denn dort kommt die Forelle, die mit Kitzeln gefangen werden muß, ab.

Malvolio kommt.

Malvolio.
'S ist nur Glück, alles ist Glück. — Maria sagte mir einmal, sie hegte eine Neigung zu mir; und ich habe sie selbst es schon so nahe geben hören, wenn sie sich verlieben sollte, so müßte es jemand von meiner Statur seyn. Außerdem begegnet sie mir mit einer ausgezeichneteren Achtung als irgend jemanden in ihrem Dienst. Was soll ich davon denken?

Junker Tobias.
Der eingebildete Schuft!

Fabio.
O still! Die Berathschlagung macht einen stattlichen kalekutischen Hahn aus ihm. Wie er sich unter seinen ausgespreizten Federn bläht!

Junker Christoph.
Sakrament! ich könnte den Schuft so prügeln!

Junker Tobias.
Still, sag' ich.

Malvolio.
Graf Malvolio zu seyn. —

Junker Tobias.
O du Schuft!

Junker Christoph.
Schießt ihn todt! Schießt ihn todt!

Junker Tobias.
Still! still!
Malvolio.
Man hat Beyspiele: die Oberhofmeisterin hat einen Kammerdiener geheirathet.
Junker Christoph.
Pfui, daß dich!
Fabio.
O still! Nun steckt er tief drin; seht, wie ihn die Einbildungskraft aufbläst!
Malvolio.
Bin ich alsdann drey Monate mit ihr vermählt gewesen, und sitze in meinem Prachtsessel —
Junker Tobias.
Eine Windbüchse her, um ihm ins Auge zu schleßen!
Malvolio.
Rufe meine Beamten um mich her, in meinem geblümten Sammtrock; komme so eben von einem Ruhebett, wo ich Olivien schlafend gelassen.
Junker Tobias.
Hagel und Wetter!
Fabio.
O still! still!
Malvolio.
Und dann hat man eine vornehme Laune; und nachdem man seine Blicke nachdrücklich umhergehn lassen, und ihnen gesagt hat: man kenne seinen

Platz und sie möchten auch den ihrigen kennen, fragt man nach dem Vetter Tobias. —
Junker Tobias.
Höll' und Teufel!
Fabio.
O still, still, still! Jetzt, jetzt!
Malvolio.

Sieben von meinen Leuten springen mit unterthäniger Eilfertigkeit nach ihm hinaus: ich runzle die Stirn indessen, ziehe vielleicht meine Uhr auf, oder spiele mit einem kostbaren Ringe. Tobias kommt herein, macht mir da seinen Bückling. —
Junker Tobias.
Soll man dem Kerl das Leben lassen?
Fabio.
Schweigt doch, und wenn man euch auch die Worte mit Pferden aus dem Munde zöge.
Malvolio.
Ich strecke die Hand so nach ihm aus, indem ich mein vertrauliches Lächeln durch einen strengen Blick des Tadels dämpfe.
Junker Tobias.
Und giebt euch Tobias dann keinen Schlag aufs Maul?
Malvolio.
Und sage: Vetter Tobias, da mich mein Schicksal an eure Nichte gebracht hat, so habe ich das Recht euch folgende Vorstellungen zu machen.

Junker Tobias.
Was? was?
Malvolio.
Ihr müßt den Trunk ablegen.
Junker Tobias.
Fort mit dir, Lump!
Fabio.
Geduldet euch doch, oder wir brechen unserm Anschlage den Hals.
Malvolio.
Überdieß verschwendet ihr eure kostbare Zeit mit einem narrenhaften Junker —
Junker Christoph.
Das bin ich, verlaßt euch drauf.
Malvolio.
Einem gewissen Junker Christoph —
Junker Christoph.
Ich wußte wohl, daß ichs war, denn sie nennen mich immer einen Narren.
Malvolio.
Was giebts hier zu thun? *Er nimmt den Brief auf.*
Fabio.
Nun ist die Schnepfe dicht am Garn.
Junker Tobias.
O still! und der Geist der Schwänke gebe ihm ein, daß er laut lesen mag.
Malvolio.
So wahr ich lebe, das ist meines Fräuleins Hand

Dieß sind grade ihre C's, ihre U's und ihre T's, und so macht sie ihre großen P's. Es ist ohne alle Frage ihre Hand.

Junker Christoph.

Ihre C's, ihre U's und ihre T's? Warum das?

Malvolio.

«Dem unbekannten Geliebten dieß und meine freundlichen Wünsche.» — Das ist ganz ihr Styl. — Mit deiner Erlaubniß, Siegellack! — Sacht! und das Petschaft ist ihre Lukrezia, womit sie zu siegeln pflegt: es ist das Fräulein! An wen mag es seyn?

Fabio.

Das fängt ihn mit Leib und Seele.

Malvolio.

«Den Göttern ists kund,
Ich liebe: doch wen?
Verschleuß dich, o Mund!
Nie darf ichs gestehn.»
»Nie darf ichs gestehn.« — Was folgt weiter? Das Sylbenmaaß verändert! »Nie darf ichs gestehn.« Wenn du das wärst, Malvolio?

Junker Tobias.

An den Galgen, du Hund!

Malvolio.

»Ich kann gebieten, wo ich liebe;
Doch Schweigen, wie Lukrezia's Stahl,

Durch

Durchbohrt mein Herz voll zarter Triebe.
M. O. A. J. ist meine Wahl.«
Fabio.
Ein unsinniges Räthsel!
Junker Tobias.
Eine herrliche Dirne, sag' ich!
Malvolio.
»M. O. A. J. ist meine Wahl.« Zuerst aber — laß sehn — laß sehn — laß sehn.
Fabio.
Was sie ihm für ein Tränkchen gebraut hat!
Junker Tobias.
Und wie der Falk darüber herfällt!
Malvolio.
»Ich kann gebieten, wo ich liebe.« Nun ja, sie kann über mich gebieten; ich diene ihr, sie ist meine Herrschaft. Nun das leuchtet jedem nothdürftig gesunden Menschenverstande ein. — Dieß macht gar keine Schwierigkeit; und der Schluß? Was mag wohl diese Anordnung von Buchstaben bedeuten? Wenn ich machen könnte, daß dieß auf die eine oder andre Art an mir zuträfe. — Sacht! M. O. A. J. —
Junker Tobias.
O! Ey! Bring das doch heraus! Er ist jetzt auf der Fährte.

P

Fabio.

Der Hund schlägt an, als ob er einen Fuchs witterte.

Malvolio.

M. — Malvolio — M — nun damit fängt mein Nahme an.

Fabio.

Sagt' ich nicht, er würde es ausfündig machen? Er hat eine trefliche Nase.

Malvolio.

M. — Aber dann ist keine Übereinstimmung in dem Folgenden; es erträgt die nähere Beleuchtung nicht: A sollte folgen, aber O folgt.

Fabio.

Und mit O wirds endigen, hoff ich.

Junker Tobias.

Ja, oder ich will ihn prügeln, bis er O schreyt.

Malvolio.

Und dann kommt J hinterdrein.

Fabio.

J daß dich!

Malvolio.

M. O. A. J. — Diese Anspielung ist nicht so klar wie die vorige. Und doch, wenn man es ein wenig handhaben wollte, so würde sichs nach mir bequemen: denn jeder von diesen Buchstaben ist in meinem Nahmen. Seht, hier folgt Prosa. —

»Wenn dieß in deine Hände fällt, erwäge. Mein
»Gestirn erhebt mich über dich, aber sey nicht ban-
»ge vor der Hoheit. Einige werden hoch geboh-
»ren, Einige erwerben Hoheit, und Einigen wird
»sie zugeworfen. Dein Schicksal thut dir die Hand
»auf; ergreife es mit Leib und Seele. Und um
»dich an das zu gewöhnen, was du Hoffnung hast
»zu werden, wirf deine demüthige Hülle ab und
»erscheine verwandelt. Sey widerwärtig gegen ei-
»nen Verwandten, mürrisch mit den Bedienten;
»laß Staatsgespräche von deinen Lippen schallen;
»lege dich auf ein Sonderlings Betragen. Das
»räth dir die, so für dich seufzt. Erinnre dich, wer
»deine gelben Strümpfe lobte, und dich beständig
»mit kreuzweise gebundnen Kniegürteln zu sehen
»wünschte: ich sage, erinnere dich! Nur zu! Dein
»Glück ist gemacht, wo du es wünschest. Wo nicht,
»so bleib nur immer ein Hausverwalter, der Ge-
»fährte von Lakaien und nicht werth, Fortuna's
»Hand zu berühren. Leb wohl. Sie, welche die
»Dienstbarkeit mit dir tauschen möchte,

»die glücklich-Unglückselige.»

Das Sonnenlicht ist nicht klarer! Es ist offenbar.
Ich will stolz seyn; ich will politische Bücher lesen;
ich will Junker Tobias ablaufen lassen; ich will
mich von gemeinen Bekanntschaften säubern; ich
will aufs Haar der rechte Mann seyn. Ich habe

mich jetzt nicht selbst zum Besten, daß ich mich etwa von der Einbildung übermannen ließe. Sie lobte neulich meine gelben Strümpfe, sie rühmte meine Kniegürtel; und hier giebt sie sich meiner Liebe kund, und nöthigt mich mit einer feinen Wendung zu diesen Trachten nach ihrem Geschmack. Ich danke meinen Sternen, ich bin glücklich. Ich will fremd thun, stolz seyn, gelbe Strümpfe tragen, und die Kniegürtel kreuzweise binden, so schnell sie sich nur anlegen lassen. Die Götter und meine Sterne seyn gepriesen! — Hier ist noch eine Nachschrift. »Du kannst nicht umhin mich zu errathen. »Wenn du meine Liebe begünstigst, so laß es in »deinem Lächeln sichtbar werden. Dein Lächeln »steht dir wohl, darum lächle stets in meiner Ge»genwart, ich bitte dich.« — Götter, ich danke euch! Ich will lächeln, ich will alles thun, was du verlangst.   ab.

Fabio.
Ich wollte meinen Antheil an diesem Spaße nicht für den reichsten Jahrgehalt vom großen Mogol hingeben.

Junker Tobias.
Ich könnte die Dirne für diesen Anschlag zur Frau nehmen.

Junker Christoph.
Das könnte ich auch.

Junker Tobias.
Und wollte keine andre Aussteuer von ihr verlangen als noch einen solchen Schwank.
Junker Christoph.
Ich auch nicht.

Maria kommt.
Fabio.
Hier kommt unsre herrliche Vogelstellerin.
Junker Tobias.
Willst du deinen Fuß auf meinen Nacken setzen?
Junker Christoph.
Oder auch auf meinen?
Junker Tobias.
Soll ich meine Freyheit beym Damenspiel gegen dich setzen und dein Sklave werden?
Junker Christoph.
Ja wahrhaftig, soll ichs auch?
Junker Tobias.
Du hast ihn in solch einen Traum gewiegt, daß er toll werden muß, wenn ihn die Einbildung wieder verläßt.
Maria.
Nein, sagt mir im Ernst, wirkt es auf ihn?
Junker Tobias.
Wie Brantewein auf eine alte Frau.
Maria.
Wenn ihr denn die Frucht von unserm Spaß sehn

wollt, so gebt Acht auf seine erste Erscheinung bey
dem gnädigen Fräulein. Er wird in gelben Strümpfen zu ihr kommen, und das ist eine Farbe, die
sie haßt; die Kniegürtel kreuzweise gebunden, eine
Pracht, die sie nicht ausstehn kann; und er wird
sie anlächeln, was mit ihrer Gemüthsfassung so
schlecht übereinstimmt, da sie sich der Melancholie
ergeben hat, daß es ihn ganz bey ihr herunter-
setzen muß. Wenn ihr es sehn wollt, so folgt mir.

    Junker Tobias.
Bis zu den Pforten der Hölle, du unvergleichlicher
Witzteufel.

    Junker Christoph.
Ich bin auch dabey.

           Alle ab.

Dritter Aufzug.

Erste Szene.
Olivia's Garten.

Viola und der Narr mit einer Trommel.

Viola.
Gott grüß dich, Freund, und deine Musik. Stehst du dich gut bey deiner Trommel?
Narr.
Nein, Herr, ich stehe mich gut bey der Kirche.
Viola.
Bist du ein Kirchenvorsteher?
Narr.
Das nicht, Herr, ich stehe mich gut bey der Kirche, denn ich stehe mich gut in meinem Hause, und mein Haus steht bey der Kirche.

Viola.

So könntest du auch sagen, der König stände sich gut bey einer Bettlerin, wenn die Bettlerin bey ihm steht, oder die Kirche stände sich gut bey der Trommel, wenn die Trommel bey der Kirche steht.

Narr.

Richtig, Herr. — Seht mir doch dieß Zeitalter! Eine Redensart ist nur ein lederner Handschuh für einen witzigen Kopf: wie geschwind kann man die verkehrte Seite herauswenden!

Viola.

Ja, das ist gewiß; wer artig mit Worten tändelt, kann sie geschwind leichtfertig machen.

Narr.

Darum wollte ich, man hätte meiner Schwester keinen Nahmen gegeben.

Viola.

Warum, Freund?

Narr.

Ey, Herr, ihr Nahme ist ein Wort, und das Tändeln mit dem Wort könnte meine Schwester leichtfertig machen. Aber wahrhaftig, Worte sind rechte Hundsfötter, seit Verschreibungen sie zu Schanden gemacht haben.

Viola.

Dein Grund?

Narr.

Meiner Treu, Herr, ich kann euch keinen ohne

Worte angeben, und Worte sind so falsch geworden, daß ich keine Gründe darauf bauen mag.
Viola.
Ich wette, du bist ein lustiger Bursch und kümmerst dich um nichts.
Narr.
Nicht doch, Herr, ich bekümmere mich um etwas. Aber auf Ehre, ich kümmere mich nicht um euch; wenn das heißt, sich um nichts kümmern, so wünschte ich, es möchte euch unsichtbar machen.
Viola.
Bist du nicht Fräulein Olivia's Narr?
Narr.
Keinesweges, Herr. Fräulein Olivia hat keine Narrheit; sie wird keinen Narren halten, bis sie verheirathet ist; und Narren verhalten sich zu Ehemännern wie Sardellen zu Heringen: der Ehemann ist der größte von beyden. Ich bin eigentlich nicht ihr Narr, sondern ihr Wortverdreher.
Viola.
Ich sah dich neulich beym Grafen Orsino.
Narr.
Narrheit, Herr, geht rund um die Welt; sie scheint allenthalben. Es thäte mir leid, wenn der Narr nicht so oft bey euerm Herrn als bey meinem Fräulein wäre. Mich däucht, ich sah Eure Weisheit daselbst.

Viola.

Wenn du mich zum Besten haben willst, so habe ich nichts mehr mit dir zu schaffen. Nimm, da hast du was zu deiner Ergözlichkeit.

Narr.

Nun, möge dir Jupiter, das nächste Mal, daß er Haare übrig hat, einen Bart zukommen lassen.

Viola.

Wahrhaftig, ich sage dir, ich verschmachte fast nach einem, ob ich gleich nicht wollte, daß er auf meinem Kinne wüchse. Ist dein Fräulein zu Hause?

Narr auf das Geld zeigend.

Sollte nicht ein Paar von diesen jungen?

Viola.

Ja, wenn man sie zusammenhielte und gehörig wirthschaften ließe.

Narr.

Ich wollte wohl den Herrn Pandarus von Phrygien spielen, um diesem Troilus eine Cressida zuzuführen.

Viola.

Ich verstehe euch: ihr bettelt gut.

Narr.

Ich denke, es ist keine große Sache, da ich nur um eine Bettlerin bettle. Cressida war eine Bettlerin. Mein Fräulein ist zu Haus, Herr. Ich will ihr bedeuten woher ihr kommt; wer ihr seyd, und

was ihr wollt, das liegt außer meiner Sphäre;
ich könnte sagen: Horizont, aber das Wort ist zu
abgenutzt. ab.
Viola.
Der Bursch ist klug genug den Narren zu spielen,
Und das geschickt thun, fodert ein'gen Witz.
Die Laune derer, über die er scherzt,
Die Zeiten und Personen muß er kennen
Und wie der Falk auf jede Feder schießen,
Die ihm vors Auge kömmt. Dieß ist ein Hand=
werk,
So voll von Arbeit als des Weisen Kunst.
Denn Thorheit, weislich angebracht, ist Witz;
Doch wozu ist des Weisen Thorheit nütz?

Junker Tobias und Junker Christoph kommen.

Junker Tobias.
Gott grüß euch, Herr.
Viola.
Euch gleichfalls, Herr.
Junker Christoph.
Dieu vous garde, Monsieur.
Viola.
Et vous aussi; votre serviteur.
Junker Christoph.
Hoffentlich seyd ihrs, und ich bin der eurige.

Junker Tobias.
Wollt ihr unser Haus begrüßen? Meine Nichte wünscht, ihr möchtet hineintreten, wenn ihr ein Geschäft an sie habt.

Viola.
Ich bin eurer Nichte verbunden; ich will sagen, ich bin verbunden zu ihr zu gehn.

Junker Tobias.
So kostet eure Beine, Herr, setzt sie in Bewegung.

Viola.
Meine Beine verstehn mich besser, Herr, als ich verstehe, was ihr damit meynt, daß ich meine Beine kosten soll.

Junker Tobias.
Ich meyne, ihr sollt gehn, hineintreten.

Viola.
Ich will euch durch Gang und Eintritt antworten; aber man kommt uns zuvor.

Olivia und Maria kommen.

Vortreffliches, unvergleichliches Fräulein, der Himmel regne Düfte auf euch herab!

Junker Christoph.
Der junge Mensch ist ein großer Hofmann. «Düfte regnen.» Schön!

Viola.
Mein Auftrag ist stumm, Fräulein, außer für euer bereitwilliges und herablassendes Ohr.

Junker Christoph.

Höfte! Bereitwillig! Herablassend! — Ich will mir alles dreyes merken.

Olivia.

Macht die Gartenthür zu, und laßt mich ihm Gehör geben.

Junker Tobias, Junker Christoph und Maria ab.

Gebt mir die Hand, mein Herr.

Viola.

Gebietet über meine Dienste, Fräulein.

Olivia.

Wie ist eu'r Nahme?

Viola.

Reizende Prinzessin, Cesario ist der Nahme euers Dieners.

Olivia.

Mein Diener, Herr? Die Welt war nimmer froh
Seit niedres Heucheln galt für Artigkeit.
Ihr seyd Orsino's Diener, junger Mann.

Viola.

Und der ist eurer; eures Dienes Diener
Muß ja, mein Fräulein, auch der eure seyn.

Olivia.

Sein denk' ich nicht; wär' sein Gedächtniß lieber
Ein leeres Blatt, als angefüllt mit mir.

Viola.
Ich komm', um euer gütiges Gedächtniß
An ihn zu mahnen —
Olivia.
O entschuldigt mich!
Ich hieß euch niemals wieder von ihm reden.
Doch hättet ihr sonst etwa ein Gesuch,
Ich hörte lieber, wenn ihr das betriebt,
Als die Musik der Sphären.
Viola.
Theures Fräulein —
Olivia.
Ich bitt', erlaubt! Nach der Bezauberung
Die ihr nur erst hier angestiftet, sandte
Ich einen Ring euch nach; und täuschte so
Mich, meinen Diener, und ich fürcht', auch euch.
Nun steh' ich eurer harten Deutung bloß.
Weil ich euch aufdrang mit unwürd'ger List,
Was, wie ihr wußtet, doch nicht euer war.
Was mochtet ihr wohl denken? Machtet ihr
Zu eurem Ziele meine Ehre nicht,
Und hetztet jeglichen Verdacht auf sie,
Den ein tyrannisch Herz ersinnen kann?
Für einen, der behende faßt wie ihr,
Zeigt' ich genug; ein Flor, und nicht ein Busen,
Versteckt mein armes Herz: so sprecht nun auch.

Viola.

Ihr dauert mich.

Olivia.

Das ist ein Schritt zur Liebe.

Viola.

Nein, nicht ein Fuß breit; die Erfahrung zeigt,
Daß man sich oft auch Feinde dauern läßt.

Olivia.

So wärs ja wohl zum Lächeln wieder Zeit.
O Welt! wie leicht wird doch der Arme stolz!
Soll man zur Beute werden, wie viel besser
Dem Löwen zuzufallen als den Wolf!

Die Glocke schlägt.

Die Glocke wirft mir Zeitverschwendung vor. —
Seyd ruhig, junger Freund! ich will euch nicht.
Und doch, kommt Witz und Jugend erst zur Reife,
So erntet euer Weib 'nen feinen Mann.
Dorthin liegt euer Weg, grad' aus nach Westen.

Viola.

Wohlauf, nach Westen!
Geleit' Eu'r Gnaden Heil und froher Muth!
Ihr sagt mir, Fräulein, nichts für meinen Herrn?

Olivia.

Bleib!
Ich bitt' dich, sage, was du von mir denkst.

Viola.

Nun, daß ihr denkt, ihr seyd nicht was ihr seyd.

Olivia.
Und denk' ich so, denk' ich von euch dasselbe.
Viola.
Da denkt ihr recht: ich bin nicht was ich bin.
Olivia.
Ich wollt', ihr wärt, wie ich euch haben wollte!
Viola.
Wärs etwas bessers, Fräulein, als ich bin,
So wünsch' ichs auch; jetzt bin ich euer Narr.
Olivia.
O welch ein Maaß von Hohn liebreizend steht
Im Zorn und der Verachtung seiner Lippe!
Verschämte Lieb', ach! sie verräth sich schnell
Wie Blutschuld: ihre Nacht ist sonnenhell.
Cesario, bey des Frühlings Rosenjugend!
Bey jungfräulicher Sitt' und Treu und Jugend!
So lieb ich dich, trotz meinem stolzen Sinn,
Daß ich des Herzens nicht mehr mächtig bin.
Verhärte nicht dich klügelnd durch den Schluß,
Du könnest schweigen, weil ich werben muß.
Nein, feßle lieber Gründe so mit Gründen:
Süß sey es, Lieb' erflehn, doch süßer, Liebe finden.
Viola.
Bey meiner Jugend! bey der Unschuld! nein!
Ein Herz, Ein Busen, Eine Treu ist mein,
Und die besitzt kein Weib; auch wird nie keine
Darüber herrschen, außer ich alleine.
Und

Und Fräulein, so lebt wohl; nie klag' ich euerm
Ohr
Die Seufzer meines Herren wieder vor.
Olivia.
O komm zurück! Du magst dieß Herz bethören,
Ihn, dessen Lieb' es haßt, noch zu erhören.
Beyde ab.

Zweyte Szene.
Ein Zimmer in Olivia's Hause.

Junker Tobias, Junker Christoph und Fabio treten auf.

Junker Christoph.
Nein, wahrhaftig, ich bleibe keine Minute länger.
Junker Tobias.
Deinen Grund lieber Ingrimm! sag deinen Grund!
Fabio.
Ihr müßt durchaus euren Grund angeben, Junker Christoph.
Junker Christoph.
Ey, ich sah eure Nichte mit des Grafen Diener

freundlicher thun, als sie jemals gegen mich gewesen ist; drunten im Garten sah ichs.
Junker Tobias.
Sah sie dich derweil auch, alter Knabe? Sag mir das.
Junker Christoph.
So deutlich wie ich euch jetzt sehe.
Fabio.
Das war ein großer Beweis ihrer Liebe zu euch.
Junker Christoph.
Wetter! wollt ihr einen Esel aus mir machen?
Fabio.
Ich will es in bester Form beweisen, Herr, auf den Eid des Urtheils und der Vernunft.
Junker Tobias.
Und die sind Obergeschworne gewesen, ehe noch Noah ein Schiffer ward.
Fabio.
Sie that mit dem jungen Menschen vor euern Augen schön, bloß um euch aufzubringen, um eure Murmelthiers-Tapferkeit zu erwecken, um euer Herz mit Feuer und Schwefel zu füllen. Da hättet ihr euch herben machen sollen; da hättet ihr den jungen Menschen, mit den vortrefflichsten Späßen, funkelnagelneu von der Münze, stumm ängstigen sollen. Dieß wurde von eurer Seite erwartet, und dieß wurde vereitelt. Ihr habt die dop-

pelte Vergoldung dieser Gelegenheit von der Zeit abwaschen lassen, und seyd in der Meynung des gnädigen Fräuleins nordwärts gesegelt, wo ihr nun wie ein Eiszapfe am Bart eines Holländers hängen werdet, wenn ihr es nicht durch irgend einen preiswürdigen Streich der Tapferkeit oder Politik wieder gut macht.

Junker Christoph.

Soll's auf irgend eine Art seyn, so muß es durch Tapferkeit geschehn; denn Politik hasse ich; ich wäre eben so gern ein Pietist als ein Politikus.

Junker Tobias.

Wohlan denn, baun wir dein Glück auf den Grund der Tapferkeit. Fodre mir den Burschen des Grafen auf den Degen heraus; verwunde ihn an eilf Stellen; meine Nichte wird sichs merken, und sey versichert, daß kein Liebesmäkler in der Welt einen Mann den Frauen kräftiger empfehlen kann, als der Ruf der Tapferkeit.

Fabio.

Es ist kein andres Mittel übrig, Junker Christoph.

Junker Christoph.

Will einer von euch eine Ausfoderung zu ihm tragen?

Junker Tobias.

Geh, schreib in einer martialischen Hand; sey verwegen und kurz. Gleichviel wie witzig, wenn es nur beredt und voll Erfindung ist. Mach ihn mit aller Freyheit der Feder herunter; wenn du ihn ein halb Dutzend mal dutzest, so kann es nicht schaden; und so viel Lügen als auf dem Papier liegen können, schreib sie auf! Geh, mach dich dran! Laß Galle genug in deiner Dinte seyn, wenn du auch mit einem Gänsekiel schreibst, es thut nichts. Mach dich dran.

Junker Christoph.

Wo soll ich euch treffen?

Junker Tobias.

Wir wollen dich auf deinem cubiculo abrufen. Geh nur.

Junker Christoph ab.

Fabio.

Das ist euch ein theures Männchen, Junker.

Junker Tobias.

Ich bin ihm auch theuer gewesen, Junge! auf ein paar Tausend, drüber oder drunter.

Fabio.

Wir werden einen kostbaren Brief von ihm bekommen, aber ihr werdet ihn nicht übergeben.

Junker Tobias.

Nein, das könnt ihr glauben. Aber vor allen Dingen treibt den jungen Menschen an, sich zu stellen. Ich denke, man brächte sie nicht an einander, wenn man auch Ochsen vorspannte. Was den Junker

betrifft, wenn der geöffnet würde, und ihr fändet
so viel Blut in seiner Leber, als eine Mücke auf
dem Schwanze davon tragen kann, so wollt' ich
das übrige Gerippe aufzehren.
Fabio.
Und sein Gegner, der junge Mensch, verkündigt
auch eben nicht viel Grausamkeit mit seinem Gesicht.

Maria kommt.
Junker Tobias.
Seht da kommt unser kleiner Zeisig.
Maria.
Wollt ihr Milzweh haben, und euch Seitenstechen
lachen, so kommt mit mir. Der Pinsel Malvolio
ist ein Heide geworden, ein rechter Renegat. Denn
kein Christ, der durch den wahren Glauben selig
zu werden hofft, glaubt jemals einen solchen Haufen
abgeschmacktes Zeug. Er geht in gelben Strümpfen.
Junker Tobias.
Und die Kniegürtel kreuzweise?
Maria.
Ganz abscheulich, wie ein Schulmeister. — Ich bin
ihm nachgeschlichen wie ein Dieb: er richtet sich
nach jedem Punkte des Briefs, den ich fallen ließ,
um ihn zu betrügen. Er lächelt mehr Linien in

sein Gesicht hinein, als auf der neyen Weltcharte mit beyden Indien stehn! Ihr könnt euch so was nicht vorstellen; ich kann mich kaum halten, daß ich ihm nicht etwas an den Kopf werfe. Ich weiß, das Fräulein wird ihm Ohrfeigen geben; und wenn sie es thut, so wird er lächeln und es für eine große Gunst halten.
Junker Tobias.
Komm, führ uns hin, führ uns hin, wo er ist.
Alle ab.

Dritte Szene.
Eine Straße.

Antonio und **Sebastian** treten auf.

Sebastian.
Es war mein Wille nicht, euch zu beschweren,
Doch da ihr aus der Müh euch Freude macht,
Will ich nicht weiter schmählen.
Antonio.
Ich konnt' euch so nicht lassen: mein Verlangen,
Scharf wie geschliffner Stahl, hat mich gespornt;

Und nicht blos Trieb zu euch, (obschon genug
Um mich auf einen längern Weg zu ziehn)
Auch Kümmerniß, wie eure Reise ginge,
Da ihr dieß Land nicht kennt, das einem Fremden
Der Führerlos und Freundlos, oft sich rauh
Und unwirthbar erzeigt. Bey diesen Gründen
Der Furcht ist meine will'ge Liebe euch
So eher nachgeeilt.
   Sebastian.
     Mein güt'ger Freund,
Ich kann euch nichts als Dank hierauf erwiedern,
Und Dank, und immer Dank; oft werden Dienste,
Mit so verrufner Münze abgefertigt.
Doch wär' mein Gut gediegen wie mein Sinn,
Ihr fändet bessern Lohn. — Was machen wir?
Sehn wir die Alterthümer dieser Stadt?
   Antonio.
Auf morgen, Herr; seht erst nach meiner Wohnung.
   Sebastian.
Ich bin nicht müd' und es ist lang bis Nacht.
Ich bitt' euch, laßt uns unsre Augen weiden
Mit den Denkmählern und berühmten Dingen,
So diese Stadt besitzt.
   Antonio.
     Entschuldigt mich.
Ich wandre mit Gefahr durch diese Gassen.
Im Seekrieg that ich gegen die Galeeren

Des Herzogs Dienste; ja in Wahrheit, solche,
Daß, wenn man hier mich fing', ich könnte kaum
Darüber Rede stehn.
          Sebastian.
                    Ihr habt vielleicht
Ihm eine große Menge Volks erschlagen?
          Antonio.
Nicht von so blut'ger Art ist meine Schuld,
Wär Zeit und Zwist schon der Beschaffenheit,
Daß sie uns Stoff zu blut'gen Thaten gaben.
Es hätt' indeß geschlichtet werden mögen
Durch Wiederzahlung des genommnen Guts,
Was auch aus unsrer Stadt des Handels wegen
Die Meisten thaten; ich allein blieb aus:
Wofür, ertappt man mich an diesem Ort,
Ich theuer büßen werde.
          Sebastian.
Geht also nicht zu offenbar umher.
          Antonio.
Es wär' nicht rathsam.   Nehmt! hier ist mein
                    Beutel.
Man wohnt am besten in der Südervorstadt
Im Elephanten; ich will unsre Kost
Bestellen, während ihr die Stunden täuscht,
Und durch Beschauen eure Kenntniß nährt.
Dort trefft ihr mich.
          Sebastian.
               Weswegen mir den Beutel?

Antonio.
Vielleicht fällt euer Aug' auf einen Tand,
Den ihr zu kaufen wünscht; und eure Baarschaft
Reicht, denk' ich, nicht zu müß'gem Einkauf hin.
Sebastian.
Ich will eu'r Seckelmeister seyn, und auf
Ein Stündchen gehn.
Antonio.
Im Elephanten —
Sebastian.
Wohl!
Beyde ab.

Vierte Szene.
Olivia's Garten.

Olivia und Maria treten auf.

Olivia.
Ich hab' ihm nachgeschickt; gesetzt, er kommt:
Wie kann ich wohl ihn feyern? was ihm schenken?
Denn Jugend wird erkauft, mehr als erbeten. —
Ich sprach zu laut. —

Wo ist Malvolio? — Er ist ernst und höflich,
Und paßt zum Diener sich für meinen Fall.
Wo ist Malvolio?

    Maria.

     Eben kommt er, Fräulein,
Doch wunderlich genug. Er ist gewiß besessen.

    Olivia.

Was giebts denn? spricht er irr?

    Maria.

     Nein, er thut nichts
Als lächeln; Euer Gnaden thäten wohl,
Wen bey der Hand zu haben, wenn er kömmt,
Denn sicher ist der Mann nicht recht bey Sinnen.

    Olivia.

Geht, ruft ihn her! — So toll wie er bin ich,
Gleicht lust'ge Tollheit und betrübte sich.

     Malvolio kommt.

Wie gehts, Malvolio?

    Malvolio lächelt fantastisch.

Schönes Fräulein, he, he!

    Olivia.

Lächelst du?
Ich rief dich her bey einem ernsten Anlaß.

    Malvolio.

Ernst, Fräulein? Ich könnte wohl ernsthaft seyn;
es macht einige Stockung im Blute, dieß Binden
der Kniegürtel. Aber was thuts? Wenn es den

Augen einer Einzigen gefällt, so heißt es bey mir wie jenes wahrhafte Sonnet: Gefall' ich Einer, so gefall' ich allen.

Olivia.

Ey, Malvolio, wie steht es mit dir? Was geht mit dir vor?

Malvolio.

Ich bin nicht schwarz von Gemüth, obschon gelb an den Beinen. Es ist ihm zu Handen gekommen, und Befehle sollen vollzogen werden. Ich denke, wir kennen die schöne Römische Hand.

Olivia.

Willst du nicht zu Bett gehn, Malvolio?

Malvolio.

Zu Bett? Ja, liebes Herz, und ich will zu dir kommen?

Olivia.

Gott helfe dir! Warum lächelst du so und wirfst so viele Kußhände?

Maria.

Wie gehts euch, Malvolio?

Malvolio.

Auf eure Erkundigung? — Ja, Nachtigallen antworten Krähen.

Maria.

Warum erscheint ihr mit dieser lächerlichen Unverschämtheit vor dem Fräulein?

Malvolio.
«Sey nicht bange vor der Hoheit.» Das war schön gesagt.
Olivia.
Was meynst du damit, Malvolio?
Malvolio.
«Einige werden hoch gebohren —»
Olivia.
Nun?
Malvolio.
«Einige erwerben Hoheit —»
Olivia.
Was sagst du?
Malvolio.
«Und einigen wird sie zugeworfen.»
Olivia.
Der Himmel steh dir bey!
Malvolio.
«Erinnre dich, wer deine gelben Strümpfe lobte.»
Olivia.
Deine gelben Strümpfe?
Malvolio.
«Und dich mit kreuzweise gebundnen Kniegürteln zu sehn wünschte.»
Olivia.
Mit kreuzweise gebundnen Kniegürteln?

Malvolio.

«Nur zu! Dein Glück ist gemacht, wo du es wünschest.»

Olivia.

Mein Glück?

Malvolio.

«Wo nicht, so bleib nur immer ein Bedienter.»

Olivia.

Nun, das ist eine rechte Hundstagstollheit.

Ein Bedienter kommt.

Bedienter.

Gnädiges Fräulein, der junge Cavalier vom Grafen Orsino ist wieder da; ich konnte ihn kaum bewegen zurückzukommen. Er erwartet Euer Gnaden Befehle.

Olivia.

Ich komme gleich zu ihm. Bedienter ab. Liebe Maria, trag mir für diesen Menschen Sorge. Wo ist mein Vetter Tobias? Daß ein paar von meinen Leuten recht genau auf ihn achten. Ich wollte um alles nicht, daß ihm ein Unglück zustieße.

Olivia und Maria ab.

Malvolio.

Ha, ha! legt ihr mirs nun näher? Kein Geringerer als Junker Tobias soll Sorge für mich tragen? Dieß trifft aufs Haar mit dem Briefe überein. Sie schickt ihn mit Fleiß, damit ich mich widerspänstig gegen ihn betragen kann; denn dazu ermahnt sie mich ja in dem Briefe. «Wirf deine «demüthige Hülle ab,» sagt sie, «sey widerwärtig «gegen einen Verwandten, mürrisch mit den Be- «dienten; laß Staatsgespräche von deinen Lippen «schallen; lege dich auf ein Sonderlings-Betra- «gen;» und hierauf setzt sie die Art und Weise aus einander, als da ist: ein ernsthaftes Gesicht, eine stattliche Haltung, eine langsame Zunge, nach der Manier eines vornehmen Herrn, und so weiter. Ich habe sie im Netz, freylich durch der Götter Gnade, und geben die Götter; daß ich dankbar sey! Und als sie eben wegging: «Tragt mir für «diesen Menschen Sorge.» – Mensch! Nicht Malvolio, oder nach meinem Titel, sondern Mensch. Ja, alles paßt zu einander, so daß kein Gran von einem Skrupel, kein Skrupel von einem Skrupel, kein Hinderniß, kein unwahrscheinlicher oder zweydeutiger Umstand — Was kann man einwenden? Es kann nichts geben, was sich zwischen mich und die weite Aussicht meiner Hoffnungen stellen könnte. Wohl, die Götter, nicht ich, haben dieß zu Stande gebracht, und ihnen gebührt der Dank.

Maria kommt mit Junker Tobias und Fabio zurück.

Junker Tobias.

Wo ist er hin, im Namen der Gottseligkeit? Hätten sich auch alle Teufel der Hölle zusammengedrängt, und besäße ihn Legion selbst, so will ich ihn doch anreden.

Fabio.

Hier ist er, hier ist er. Wie stehts mit euch, Freund? Wie stehts mit euch?

Malvolio.

Geht fort! ich entlasse euch. Laßt mich meine Einsamkeit genießen! Geht fort!

Maria.

Hört doch, wie hohl der Böse aus ihm spricht! Sagt' ichs euch nicht? — Junker Tobias, das Fräulein bittet euch Sorge für ihn zu tragen.

Malvolio.

He, he! thut sie das?

Junker Tobias.

Still! still! Wir müssen sanftmüthig mit ihm umgehn; laßt mich nur machen. Was macht ihr, Malvolio? Wie stehts mit euch? Ey, Freund, leistet dem Teufel Widerstand: bedenkt, er ist der Erbfeind der Menschenkinder.

Malvolio.

Wißt ihr auch, was ihr sagt?

Maria.

Seht nur, wenn ihr vom Teufel übel redet, wie er sich zu Herzen nimmt. Gebe Gott, daß er nicht behext ist!

Fabio.

Die weise Frau muß ihm das Wasser beschaun.

Maria.

So wahr ich lebe, es soll morgen früh geschehn. Das Fräulein möchte ihn um alles in der Welt nicht missen.

Malvolio.

Ey so, Jungfer?

Maria.

O Jemine!

Junker Tobias.

Ich bitte dich, sey ruhig! Dieß ist nicht die rechte Art: seht ihr nicht, daß ihr ihn reizt? Laßt mich allein machen. —

Fabio.

Da hilft nichts wie Sanftmuth. Sanftmüthig! sanftmüthig! Der böse Feind ist trotzig, und läßt sich nicht trotzig begegnen.

Junker Tobias.

Ey was machst du mein Täubchen? Wie gehts, mein Puthühnchen?

Malvolio.

Herr!

Junker

Junker Tobias.

Ey sieh doch! komm, tucktuck! — Nun, Mann? Es steht der Ehrbarkeit nicht an, mit dem Teufel Knicker zu spielen. — Fort mit dem garstigen Schornsteinfeger!

Maria.

Laßt ihn sein Gebet hersagen, lieber Junker Tobias! Bringt ihn zum Beten!

Malvolio.

Mein Gebet, Meerkatze?

Maria.

Seht, ich sagt' es euch; er will nichts von Gottesfurcht wissen.

Malvolio.

Geht alle zum Henker! Ihr seyd alle dumme alberne Geschöpfe. Ich gehöre nicht in eure Sphäre: Ihr sollt weiter von mir hören. *ab.*

Junker Tobias.

Ist's möglich?

Fabio.

Wenn man dieß auf dem Theater vorstellte, so tadelte ich es vielleicht als eine unwahrscheinliche Erdichtung.

Junker Tobias.

Sein Kopf ist bis oben an voll von unserm Einfalle.

Maria.

Ja, setzt ihm nur gleich zu, damit der Einfall nicht Luft kriegt und verfliegt.

Fabio.

Wir werden ihn gewiß völlig toll machen.

Maria.

Desto ruhiger wirds im Hause zugehn.

Junker Tobias.

Kommt, er soll in eine dunkle Kammer gesperrt und gebunden werden. Meine Nichte ist schon in dem Glauben, daß er toll ist; wir könnens so forttreiben, uns zum Spaß und ihm zur Buße, bis unser Zeitvertreib selbst so müde gejagt ist, daß er uns bewegt Erbarmen mit ihm zu haben; und du, Mädchen, sollst bestallter Tollheits-Visitator werden. Aber seht! seht!

Junker Christoph kommt.

Fabio.

Hier ist wieder etwas für einen Fastnachtsabend.

Junker Christoph.

Da habt ihr die Ausfoderung; lest sie; ich steh' dafür, es ist Salz und Pfeffer darin.

Fabio.

Ist sie so verwegen?

Junker Christoph.

Ey ja doch! ich stehe ihm dafür. Lest nur.

Gieb her. «Junger Mensch, was du auch seyn magst, du bist doch nur ein Lumpenkerl.»

Fabio.

Schön und tapfer!

Junker Tobias.

«Wundre dich nicht, und erstaune nicht in deinem «Sinn, warum ich dich so nehne, denn ich will dir «keinen Grund davon angeben.»

Fabio.

Eine gute Klausel! Das stellt euch vor dem Verklagen sicher.

Junker Tobias.

»Du kömmst zu Fräulein Olivia, und sie thut vor »meinen Augen schön mit dir: aber du lügst's in »den Hals hinein, das ist nicht die Ursache, war»um ich dich herausfodre.«

Fabio.

Ungemein kurz und auserlesen im Sinn—losen.

Junker Tobias.

»Ich will dir beym nach Hause gehn aufpassen, und »wenn du alsdann das Glück hast mich umzubrin»gen—«

Fabio.

Schön!

Junker Tobias.

»So bringst du mich um wie ein Schuft und ein »Spitzbube.«

R 2

Fabio.
Ihr haltet euch immer außerhalb dem Schuſſe.
Junker Tobias.
»Leb wohl, und Gott erbarme ſich einer von un-
»ſern Seelen! Er kann ſich der meinigen erbarmen,
»aber ich hoffe ein beſſeres, und alſo ſieh dich vor.
»Dein Freund, je nachdem du ihm begegneſt, und
»dein geſchworner Feind,

Chriſtoph von Bleichenwang.«

Wenn dieſer Brief ihn nicht aufbringt, ſo iſt er
gar nicht auf die Beine zu bringen. Ich will ihn
ihm geben.
Maria.
Ihr könnt leicht Gelegenheit dazu finden: er iſt
jetzt in einem Geſpräch mit dem Fräulein, und wird
gleich weggehn.
Junker Tobias.
Geh, Junker, laure ihm an der Gartenecke auf wie
ein Häſcher; ſobald du ihn nur erblickſt, zieh und
fluche fürchterlich dabey: denn es geſchieht oft, daß
ein entſetzlicher Fluch, in einem rechten Bramar-
bdstone herausgewettert, einen mehr in den Ruf
der Tapferkeit ſetzt, als eine wirkliche Probe davon jemals gethan hätte. Fort!
Junker Chriſtoph.
Nun, wenns Fluchen gilt, ſo laßt mich nur machen. *ab.*

Junker Tobias.

Ich will mich wohl hüten, seinen Brief zu übergeben. Das Betragen des jungen Mannes zeigt, daß er verständig und wohl erzogen ist; sein Geschäft für seinen Herrn bey meiner Nichte bestätigt das auch: also wird dieser Brief, wegen seiner ausserordentlichen Abgeschmacktheit dem jungen Mann kein Schrecken erregen; er wird merken, daß er von einem Pinsel herkömmt. Ich will statt dessen die Ausfoderung mündlich bestellen, will ein großes Wesen von Bleichenwangs Tapferkeit machen, und jenem, der jung genug ist, um sich leicht etwas aufbinden zu lassen, eine gewaltige Meynung von seiner Wuth, Geschicklichkeit und Hitze beybringen. Dieß wird sie beyde so in Angst setzen, daß sie einander wie Basilisken mit den Augen umbringen werden.

Olivia und Viola kommen.

Fabio.

Da kommt er mit eurer Nichte. Macht ihnen Platz bis er Abschied nimmt, und dann gleich hinter ihm drein.

Junker Tobias.

Ich will mich indessen auf recht entsetzliche Ausdrücke für die Ausfoderung bedenken.

Junker Tobias und Fabio ab.

Olivia.

Zu viel schon sagt' ich für ein Herz von Stein,
Gab unbesonnen meine Ehre bloß.
In mir ist was, das mir den Fehl verweist,
Doch solch ein starrer, mächt'ger Fehler ist's,
Er trotzt Verweisen nur.

Viola.

Ganz nach der Weise eurer Leidenschaft,
Gehts mit den Schmerzen meines Herrn.

Olivia.

Tragt mir zu lieb dieß Kleinod, 's ist mein Bildniß;
Schlagt es nicht aus, mit Schwatzen quälts euch
nicht;
Und kommt, ich bitt' euch, Morgen wieder her.
Was könnt ihr bitten, das ich weigern würde,
Wenn unverletzt es Ehre geben darf?

Viola.

Nur dieses: euer Herz für meinen Herrn.

Olivia.

Wie litte meine Ehr' ihm das zu geben,
Was ihr von mir schon habt?

Viola.

Ich sag' euch los.

Olivia.

Gut, lebe wohl, und sprich mir Morgen zu!
Zur Hölle lockte mich ein böser Feind wie du.

ab.

Junker Tobias und Fabio kommen.
Junker Tobias.

Gott grüß dich, junger Herr!

Viola.

Euch gleichfalls, Herr.

Junker Tobias.

Was du für Waffen bey dir haſt, nimm ſie zur Hand; von welcher Art die Beleidigungen ſind, die du ihm zugefügt, weiß ich nicht; aber dein Nachſteller, hoch ergrimmt, blutig wie der Jäger, erwartet dich an der Gartenecke. Heraus mit der Klinge! Rüſte dich wacker! denn dein Gegner iſt raſch, geſchickt und mörderlich.

Viola.

Ihr irrt euch, Herr; ich bin gewiß, daß niemand irgend einen Zank mit mir hat. Mein Gedächtniß iſt völlig rein und frey von Vorſtellungen eines Unrechts, das ich jemanden zugefügt haben ſollte.

Junker Tobias.

Ihr werdet es anders finden, ich verſichre euch: wenn ihr alſo das geringſte aus eurem Leben macht, ſo ſeyd auf eurer Hut, denn euer Gegner hat alles für ſich, was Jugend, Stärke, Geſchicklichkeit und Wuth einem verſchaffen kann.

Viola.

Um Verzeihung, Herr, was iſt er für ein Mann?

Junker Tobias.

Er iſt ein Ritter, dazu geſchlagen mit unverſehr-

tem Schwert, auf gewirktem Boden; aber er ist
ein rechter Teufel in Zweykämpfen: der Seelen
und Leiber, so er geschieden, sind drey; und sein
Grimm in diesem Augenblick ist so unversöhnlich,
daß er keine andre Genugthuung kennt, als To-
desangst und Begräbniß. Drauf und dran! ist sein
Wort; mir nichts, dir nichts!

Viola.

Ich will wieder in das Haus gehn und mir eine
Begleitung von der Dame ausbitten. Ich bin kein
Raufer. Ich habe wohl von einer Art Leute gehört, die mit Fleiß Händel mit Andern anzetteln,
um ihren Muth zu prüfen: vielleicht ist er einer
von diesem Schlage.

Junker Tobias.

Nein, Herr; seine Entrüstung rührt von einer sehr
wesentlichen Beleidigung her; also vorwärts, und
thut ihm seinen Willen. Zurück zum Hause sollt
ihr nicht, wenn ihrs nicht mit mir aufnehmen wollt,
da ihr euch doch eben so wohl ihm selbst stellen
könntet. Also vorwärts, oder zieht gleich fasernackt
vom Leder; denn schlagen müßt ihr euch, das ist
ausgemacht, oder für immer verschwören eine Klinge zu tragen.

Viola.

Das ist eben so unhöflich als seltsam. Ich bitte
euch, erzeigt mir die Gefälligkeit den Ritter zu

fragen, worin ich ihn beleidigt habe; es ist gewiß nur aus Unachtsamkeit, nicht aus Vorsatz geschehn.

Junker Tobias.

Das will ich thun. Signor Fabio, bleibt ihr bey diesem Herrn, bis ich zurückkomme. *ab.*

Viola.

Ich bitte euch, mein Herr, wißt ihr um diesen Handel?

Fabio.

Ich weiß nur, daß der Ritter auf Tod und Leben gegen euch erboßt ist, aber nichts von den näheren Umständen.

Viola.

Um Verzeihung, was ist er für eine Art von Mann?

Fabio.

Sein Äußres verräth nichts so außerordentliches, als ihr durch die Proben seiner Herzhaftigkeit an ihm werdet kennen lernen. Er ist in der That der behendeste, blutgierigste und verderblichste Gegner, den ihr in ganz Illyrien hättet finden können. Wollt ihr ihm entgegen gehn? Ich will euch mit ihm aussöhnen, wenn ich kann.

Viola.

Ich würde euch sehr verbunden seyn: ich für mein Theil habe lieber mit dem Lehrstande als dem Wehrstande zu thun; ich frage nicht darnach, ob man mir viel Herz zutraut. *Beyde ab.*

Fünfte Szene.

Die Straße bey Olivia's Garten.

Junker Tobias und Junker Christoph
kommen.

Junker Tobias.
Ja, Freund, er ist ein Teufelskerl: ich habe niemals solch einen Haudegen gesehn. Ich machte einen Gang mit ihm auf Klinge und Scheide, und er thut seine Ausfälle mit so 'ner höllenmäßigen Geschwindigkeit, daß nichts dagegen zu machen ist; und wenn er parirt hat, bringt er euch den Stoß so gewiß bey, als euer Fuß den Boden trifft, wenn ihr auftretet. Es heißt, er ist Fechtmeister beym großen Mogol gewesen.

Junker Christoph.
Hohl's der Henker, ich will mich nicht mit ihm schlagen.

Junker Tobias.
Ja, er will sich aber nun nicht zufrieden sprechen lassen: Fabio kann ihn da drüben kaum halten.

Junker Christoph.
Hohl's der Kuckuck! Hätte ich gewußt, daß er herz-

haft und so ein großer Fechter wäre, so hätte ihn
der Teufel hohlen mögen, ehe ich ihn herausgefo-
dert hätte. Macht nur, daß er die Sache beruhn
läßt, und ich will ihm meinen Hanns, den Apfel-
schimmel, geben.

    Junker Tobias.

Ich will ihm den Vorschlag thun; bleibt hier stehn,
und stellt euch nur herzhaft an. beyseit. Dieß soll
ohne Mord und Todtschlag abgehn. Mein Seel,
ich will euer Pferd so gut reiten als euch selbst.

  Fabio und Viola kommen.

   Junker Tobias zu Fabio.

Ich habe sein Pferd, um den Streit beyzulegen.
Ich habe ihn überredet, daß der junge Mensch ein
Teufelskerl ist.

   Fabio zu Junker Tobias.

Der hat eben solch eine fürchterliche Einbildung
von dem Andern: er zittert und ist bleich, als ob
ihm ein Bär auf der Ferse wäre.

   Junker Tobias zu Viola.

Es ist keine Rettung, Herr, er will sich mit euch
schlagen, weil er einmal geschworen hat. Zwar
wegen seiner Händel mit euch, hat er sich besser
besonnen, er findet sie jetzt kaum der Rede werth;
zieht also nur, damit er seinen Schwur nicht brechen darf. Er betheuert, er will euch kein Leid zufügen.

Viola bepſeit.

Gott ſteh mir bey! Es hängt nur an einem Haar, ſo ſage ich ihnen, wie viel mir zu einem Manne fehlt.

Fabio.

Wenn ihr ſeht, daß er wüthend wird, ſo zieht euch zurück.

Junker Tobias.

Kommt, Junker Chriſtoph, es iſt keine Rettung: der Cavalier will nur Ehrenhalber einen Gang mit euch machen; er kann nach den Geſetzen des Duells nicht umhin, aber hat mir auf ſein ritterliches Wort verſprochen, er will euch kein Leid zufügen. Nun friſch daran!

Junker Chriſtoph.

Gott gebe, daß er ſein Wort hält. *Er zieht.*

Antonio kommt.

Viola.

Glaubt mir, ich thu' es wider meinen Willen.
Sie zieht.

Antonio.

Den Degen weg! — Wenn dieſer junge Mann
Zu nah euch that, ſo nehm' ich es auf mich;
Thut ihr zu nah ihm, fodr' ich euch ſtatt ſeiner.
Er zieht.

Junker Tobias.

Ihr, Herr? Wer ſeyd ihr denn?

Antonio.
Ein Mann, der mehr für seine Freunde wagt,
Als ihr ihn gegen euch habt prahlen hören.
Junker Tobias.
Wenn ihr ein Raufer seyd, gut! ich bin da.
Er zieht.

Zwey Gerichtsdiener kommen.
Fabio.
Bester Junker Tobias, haltet ein! Hier kommen die Gerichtsdiener.
Junker Tobias zu Antonio.
Wir sprechen uns nachher!
Viola.
Ich bitt' euch, steckt euern Degen ein, wenn's euch gefällig ist.
Junker Christoph.
Mein Seel, Herr, das will ich — und wegen dessen, was ich euch versprochen habe, halte eich uch mein Wort. Er geht bequem und ist leicht in der Hand.
Erster Gerichtsdiener.
Dieß ist er: thu deine Pflicht.
Zwenter Gerichtsdiener.
Antonio, ich verhaft' euch auf Befehl
Von Graf Orsino.
Antonio.
Ihr irrt euch, Herr, in mir.

Erster Gerichtsdiener.
Nicht doch, ich kenne eu'r Gesicht gar wohl,
Ob ihr schon jetzt kein Schifferkäppchen tragt.
Nur fort mit ihm! Er weiß, ich kenn' ihn wohl.
Antonio.
Ich muß gehorchen. — Dieß entsteht daraus,
Daß ich euch suchte; doch da hilft nun nichts.
Ich werd' es büßen. Sagt, was wollt ihr machen?
Nun dringt die Noth mich, meinen Beutel wieder
Von euch zu fodern; und es schmerzt mich mehr
Um das, was ich nun nicht für euch vermag,
Als was mich selbst betrifft. Ihr steht erstaunt,
Doch seyd getrost.
Zweyter Gerichtsdiener.
Kommt, Herr, und fort mit uns.
Antonio.
Ich muß um etwas von dem Geld euch bitten.
Viola.
Von welchem Gelde, Herr?
Der Güte wegen, die ihr mir erwiesen,
Und dann durch eure jetz'ge Noth bewegt,
Will ich aus meinen schmalen, armen Mitteln
Euch etwas borgen; meine Hab' ist klein,
Doch will ich theilen, was ich bey mir trage:
Da! meine halbe Baarschaft.
Antonio.
Läugnet ihr mir ab?

Ists möglich, braucht denn mein Verdienst um euch
Der Überredung? — Versucht mein Elend nicht,
Es möchts sonst so tief herab mich setzen,
Daß ich euch die Gefälligkeiten vorhielt,
Die ich für euch gehabt.
Viola.
Ich weiß von keinen,
Und kenn' euch nicht von Stimme, noch Gesicht.
Ich hasse Undank mehr an einem Menschen
Als Lügen, Hoffahrt, laute Trunkenheit,
Als jedes Laster, dessen starker Gift
Das schwache Blut bewohnt.
Antonio.
Gerechter Himmel!
Zweyter Gerichtsdiener.
Kommt, Herr! ich bitt' euch, geht!
Antonio.
Hört einen Augenblick. Der Jüngling da,
Halb riß ich aus des Todes Rachen ihn,
Pflegt' ihn mit solcher Heiligkeit der Liebe,
Und seinem Bild, das hocherhabnen Werth
Glaubt' ich, verhieße, huldigt' ich mit Andacht.
Erster Gerichtsdiener.
Was soll uns das? Die Zeit vergeht: macht fort!
Antonio.
Doch o! wie wird der Gott zum schnöden Götzen!
Sebastian, du entehrest edle Züge.

Gesinnung schändet einzig die Natur,
U d häßlich heißt mit Recht der Böse nur.
Jugend ist Schönheit: doch der reizend - Arge
Gleicht einem glänzend übertünchten Sarge.

   Erster Gerichtsdiener.

Der Mann wird rasend: fort mit ihm! Kommt!
kommt!

    Antonio.

So führt mich weg.
    Antonio mit den Gerichtsdienern ab.

    Viola.

Es zeigt der Ungestüm, womit er spricht,
Er glaubt sich selbst; ich glaube mir noch nicht.
O möchtest du, Vermuthung, dich bewähren,
Mein Bruder! daß wir zwey verwechselt wären!

   Junker Tobias.

Komm her, Junker! komm her, Fabio! Laßt uns
unsre Köpfe zusammenstecken und einen weisen
Rath pflegen.

    Viola.

Er nannte den Sebastian: lebt ja doch
Des Bruders Bild in meinem Spiegel noch.
Er glich genau nach allen Zügen mir,
Und trug sich so in Farbe, Schnitt und Zier,
Denn ihn nur ahm' ich nach. O wenn es ist, so
     sind
Die Stürme sanft, die Wellen treu gesinnt! *ab.*

      Junker

Junker Tobias.
Ein recht ehrloser lumpiger Bube, und so feig wie ein Hase. Seine Ehrlosigkeit zeigt sich darin, daß er seinen Freund hier in der Noth verläßt und ihn verläugnet, und wegen seiner Feigheit, fragt nur den Fabio.
Fabio.
Eine Memme, eine fromme Memme, recht gewissenhaft in der Feigheit.
Junker Christoph.
Wetter! ich will ihm nach, und ihn prügeln.
Junker Tobias.
Thu's, puff ihn tüchtig, nur zieh den Degen nicht.
Junker Christoph.
Wenn ichs nicht thue! — ab.
Fabio.
Komme, laßt uns sehn, wie's abläuft.
Junker Tobias.
Ich will wetten, was ihr wollt, es wird doch nichts daraus. Beyde ab.

Vierter Aufzug.

Erste Szene.
Die Straße vor Olivia's Hause.

Sebastian und der Narr treten auf.

Narr.

Wollt ihr mir weiß machen, ich wäre nicht nach euch geschickt?

Sebastian.
Nun ja doch, ja! Du bist ein toller Bursch, Erlöse mich von dir.

Narr.
Gut durchgeführt, meiner Treu! Nein, ich kenne euch nicht; das Fräulein hat mich auch nicht nach euch geschickt, damit ihr kommen und mit ihr sprechen möchtet; euer Name ist auch nicht Monsieur

Cesario, und dieß ist auch nicht meine Nase. Nichts
ist so wie es ist.
Sebastian.
Kram' deine Narrheit doch wo anders aus,
Mich kennst du nicht.
Narr.
Meine Narrheit auskramen! Er hat das Wort
von irgend einem großen Manne gehört, und wendet es nun auf einen Narren an. Meine Narrheit auskramen! Ich fürchte, dieser große Tölpel,
die Welt, wird ein Zieräffchen werden. Ich bitte
dich nun, entgürte dich deiner Seltsamkeit, und sage mir, was ich meinem gnädigen Fräulein auskramen soll. Soll ich ihr auskramen, daß du
kommst?
Sebastian.
Ich bitt' dich, toller Kuppler, laß mich gehn!
Da hast du Geld, doch wenn du länger zögerst,
So giebt es schlechtre Zahlung.
Narr.
Auf meine Ehre, du hast eine offne Hand. — Solche weise Leute, die Narren Geld geben, machen
sich einen guten Nahmen, wenn sie sich ein Dutzend
Jahre darum beworben haben.

Junker Tobias, Junker Christoph und
Fabio kommen.

Junker Christoph.

Nun, Herr, treff' ich euch endlich wieder? Da habt
ihr was. *Schlägt den Sebastian.*

Sebastian schlägt Junker Christoph.

Da hast du auch was! und da! und da! Sind
alle Leute toll geworden?

Junker Tobias.

Haltet ein, Herr, sonst soll euer Degen über das
Haus fliegen.

Narr.

Dieß will ich gleich dem gnädigen Fräulein erzählen. Ich wollte nicht für einen Dreyer in eurer
Haut stecken. *ab.*

Junker Tobias.

Gleich, Herr, haltet ein! *Er hält den Sebastian.*

Junker Christoph.

Nein, laßt ihn nur! ich will schon auf eine andre
Art mit ihm fertig werden; ich will eine Klage wegen Prügelen gegen ihn anstellen, wenn noch Recht
und Gerechtigkeit in Illyrien ist. Hab' ich schon
zuerst geschlagen, das macht nichts.

Sebastian.

Laß deine Hand los.

Junker Tobias.

Ey was, ich will euch nicht los lassen. Nur den

Degen eingesteckt, mein junger Kriegsheld! Ihr
seyd gut beschlagen: nur fort!

Sebastian.

Ich will dich los seyn. Sag, was willst du nun?
Nimmst du's noch weiter mit mir auf, so zieh!
         Er zieht.

Junker Tobias.

Was? was? Nun, so muß ich ein paar Unzen von
deinem naseweisen Blut haben. Er zieht.

Olivia kommt.

Olivia.

Tobias, halt! bey deinem Leben, halt!

Junker Tobias.

Fräulein?

Olivia.

Wirds niemals anders seyn? Unholder Frevler!
Geschickt für Wüsteneyn und rauhe Höhlen,
Wo Sitte fremd ist! Fort aus meinen Augen! —
Sey nicht beleidigt, mein Cesario! —
Fort, Grobian!
  Junker Tobias, Junker Christoph und Fa-
  bio ab.

       Ich bitt' dich, lieber Freund,
Gieb deiner Weisheit, nicht dem Zorn Gehör,
Bey diesem wilden, ungerechten Ausfall
Auf deine Ruh. Geh mit mir in mein Haus,

Und höre da wie viele lose Streiche
Der Lärmer angezettelt, daß du diesen
Alsdann belächeln magst; mitkommen mußt du,
Verweigr' es nicht. Verwünscht sey er von mir,
Eins meiner Herzen kränkt' er ja in dir.
    Sebastian.
Wo weht dieß her? wie dünkt es meinem Gaum?
Bin ich im Wahnsinn, oder ists ein Traum?
Tauch meinen Sinn in Lethe, Fantasie!
Soll ich so träumen, gern erwach' ich nie.
    Olivia.
Komm, bitte! Folg' in Allem meinem Rath!
    Sebastian.
Ja, Fräulein, gern.
    Olivia.
  O mach dein Wort zur That!
    Beyde ab.

Zweyte Szene.

Ein Zimmer in Olivia's Hause.

Maria und der Narr treten auf.

Maria.

Nun, sey so gut, und leg diesen Mantel und Kragen an; mach ihm weiß, du seyst Ehrn Matthias der Pfarrer. Mach geschwind, ich will unterdessen den Junker rufen. ab.

Narr.

Ich will ihn anziehn, und mich darin verstellen, und ich wollte, ich wäre der erste, der sich in solch einem Mantel verstellt hätte. Ich bin nicht groß genug, um mich in der Amtsverrichtung gut auszunehmen, und nicht mager genug, um für einen Studirten zu gelten. Aber ein ehrlicher Mann und guter Haushälter zu heißen, klingt eben so gut als ein bedächtiger Mann und großer Gelahrter. — Da kommen meine Kollegen schon.

Junker Tobias und Maria kommen.

Junker Tobias.

Gott segne euch, Herr Pfarrer!

Narr.

Bonos dies, Junker Tobias! Denn wie der alte Klausner von Prag, der weder lesen noch schreiben konnte, sehr sinnreich zu einer Nichte des Königs Gorboduk sagte, das, was ist, ist: so auch ich, maßen ich der Herr Pfarrer bin, bin ich der Herr Pfarrer. Denn was ist das als das, und ist als ist?

Junker Tobias.

Redet ihn an, Ehrn Matthias.

Narr.

He, niemand hier? — Friede sey in diesem Gefängniß!

Junker Tobias.

Der Schelm macht gut nach; ein braver Schelm!

Malvolio in einem innern Zimmer.

Wer ruft da?

Narr.

Ehrn Matthias der Pfarrer, welcher kommt, um Malvolio den Besessenen zu besuchen.

Malvolio.

Herr Pfarrer, Herr Pfarrer! lieber Herr Pfarrer! Geht zu meinem Fräulein —

Narr.

Hebe dich weg, du ruhmrediger böser Geist! Wie plagest du diesen Mann? Redest du von nichts denn von Fräulein?

Junker Tobias.
Wohl gesprochen, Ehrn Matthias.

Malvolio.
Herr Pfarrer, niemals hat man einem ärger mitgespielt; lieber Herr Pfarrer, glaubt nicht daß ich unklug bin: sie haben mich in schreckliche Finsterniß eingesperrt.

Narr.
Pfui, du unsaubrer Satan! Ich nenne dich bey dem mildesten Nahmen, denn ich bin eins von den sanften Gemüthern, die dem Teufel selbst mit Höflichkeit begegnen. Sagest du, diese Behausung sey finster?

Malvolio.
Wie die Hölle, Herr Pfarrer.

Narr.
Ey sie hat ja Luken, die so durchsichtig wie Fensterladen sind, und die hellen Steine von Südnorden strahlen wie Ebenholz: und dennoch beklagest du dich über Verfinsterung?

Malvolio.
Ich bin nicht unklug, Herr Pfarrer; ich sage euch, diese Behausung ist finster.

Narr.
Wahnsinniger, du irrest. Ich sage dir aber, es giebt keine andre Finsterniß als Unwissenheit, worein du mehr verstrickt bist, als die Egyptier in ihrem Nebel.

Malvolio.

Ich sage, diese Behausung ist finster wie die Unwissenheit, wäre die Unwissenheit auch so finster wie die Hölle; und ich sage, man hat niemals einem so übel mitgespielt. Ich bin eben so wenig unklug als ihr; legt mir nur ordentliche Fragen vor, um mich zu prüfen.

Narr.

Was ist des Pythagoras Lehre, wildes Geflügel anlangend?

Malvolio.

Daß die Seele unsrer Großmutter vielleicht in einem Vogel wohnen kann.

Narr.

Was achtest du von seiner Lehre?

Malvolio.

Ich denke würdig von der Seele, und billige seine Lehre keineswegs.

Narr.

Gehab dich wohl! Verharre du immer in Finsterniß. Ehe ich dir deinen gesunden Verstand zugestehe, sollst du die Lehre des Pythagoras bekennen, und dich fürchten eine Schnepfe umzubringen, auf daß du nicht etwa die Seele deiner Großmutter verjagen mögest. Gehab dich wohl!

Malvolio.

Herr Pfarrer! Herr Pfarrer!

Junker Tobias.
Mein allerliebster Ehrn Matthias!
Narr.
Nicht wahr, mir sind alle Röcke gerecht?
Maria.
Du hättest dieß ohne Mantel und Kragen verrichten können, er sieht dich nicht.
Junker Tobias.
Nun rede ihn mit deiner eignen Stimme an, und melde mir, wie du ihn findest: ich wollte, wir wären diese Schelmerey auf eine gute Art los. Wenn man ihn schicklich freylassen kann, so möchte es nur geschehn; denn ich stehe jetzt so übel mit meiner Nichte, daß ich den Spaß nicht mit Sicherheit bis zum Beschlusse forttreiben kann. Komm dann gleich auf mein Zimmer.

Junker Tobias und Maria ab.

Narr singt.
Heisa, Hännschen! liebes Hännschen!
Sag mir, was dein Mädchen macht.
Malvolio.
Narr! —
Narr singt.
Ach, sie ist mir bitter feind!
Malvolio.
Narr! —
Narr singt.
Und weswegen denn, mein Freund?

Malvolio.
Narr, sage ich!

Narr singt.
Weil sie einen andern liebt. —
Wer ruft da? he?

Malvolio.
Lieber Narr, wo du dich jemals um mich verdient machen willst, hilf mir zu einem Lichte, zu Feder, Dinte und Papier. So wahr ich ein ehrlicher Mann bin, ich will dir noch einmal dankbar dafür seyn.

Narr.
Der Herr Malvolio? —

Malvolio.
Ja, lieber Narr.

Narr.
Ach, Herr, wie seyd ihr doch um eure fünf Sinne gekommen?

Malvolio.
Niemals hat man einem so abscheulich mitgespielt. Ich bin eben so gut bey Sinnen wie du, Narr.

Narr.
Nur eben so gut? So seyd ihr wahrhaftig unklug, wenn ihr nicht besser bey Sinnen seyd als ein Narr.

Malvolio.
Sie haben mich hier eingesperrt, halten mich im

Finstern, schicken Geistliche zu mir, Eselsköpfe, und thun alles was sie können, um mich aus meinen Sinnen herauszuhetzen.

Narr.

Bedenkt, was ihr sagt: der Geistliche ist hier. — «Malvolio, Malvolio, deinen Verstand stelle der «Himmel wieder her! Bringe dich zum Schlafen, «und laß ab von deinem eiteln Geplapper.»

Malvolio.

Herr Pfarrer —

Narr.

«Führe kein Gespräch mit ihm, mein guter Freund.» — Wer? ich, Herr? Nein, gewiß nicht. Gott geleite euch, Herr Pfarrer! — «Amen, sage ich.» — Gut, das will ich thun.

Malvolio.

Narr, Narr, Narr, sage ich —

Narr.

Ach, lieber Herr, seyd ruhig! Was sagt ihr? Ich werde ausgeschmählt, weil ich mit euch rede.

Malvolio.

Lieber Narr, verhilf mir zu einem bischen Licht und Papier. Ich sage dir, ich bin so gut bey Verstande als irgend einer in Illyrien.

Narr.

Du meine Zeit! wenn das doch wahr wäre.

Malvolio.

Auf mein Wort, ich bins. Lieber Narr, schaff mir Dinte, Papier und Licht, und überbringe dem Fräulein, was ich aufsetzen will: es soll dir auch den besten Briefträgerlohn einbringen.

Narr.

Ich will euch dazu verhelfen, aber sagt mir aufrichtig: seyd ihr wirklich nicht unklug, oder thut ihr nur so?

Malvolio.

Glaub mir, ich sage dir die Wahrheit.

Narr.

Ey, ich will einem unklugen Menschen niemals trauen bis ich sein Gehirn sehe. Ich will euch Licht, Papier und Dinte hohlen.

Malvolio.

Narr, ich will dich aufs beste dafür belohnen. Ich bitte dich, geh.

Narr singt.

Ich bin fort Herr
Und aufs Wort, Herr
Ich bin gleich wieder da.
Daran hegt keinen Zweifel,
Denn ich troze dem Teufel,
Und seiner Frau Großmama.   ab.

Dritte Szene.
Olivia's Garten.

Sebastian tritt auf.

Sebastian.
Dieß ist die Luft, dieß ist die lichte Sonne;
Dieß Kleinod gab sie mir, ich fühl', ich seh' es:
Und ob mich schon Bezauberung umstrickt,
Ists doch kein Wahnsinn. Wo ist wohl Antonio?
Ich konnt' ihn nicht im Elephanten finden.
Doch war er da: man gab mir den Bescheid,
Er streife durch die Stadt mich aufzusuchen.
Jetzt eben wär' sein Rath mir Goldes werth:
Denn überlegt mein Geist schon mit den Sinnen,
Daß dieß ein Irrthum seyn kann, doch kein Wahn-
   sinn,
So übersteigt doch diese Flut von Glück
In solchem Grade Beyspiel und Begriff,
Ich hätte Lust den Augen miszutrauen
Und die Vernunft zu schelten, die ein Andres
Mich glauben machen will, als ich sey toll,
Wo nicht, das Fräulein toll: doch wäre dieß,
Sie könnte Haus und Diener nicht regieren,

Bestellungen besorgen und empfangen,
Mit solchem stillen, weisen, festen Gang,
Wie ich doch merke, daß sie thut. Hier steckt
Ein Trug verborgen. Doch da kommt das Fräu=
lein.

Olivia kommt mit einem **Priester.**

Olivia.

Verzeiht mir diese Eile: meynt ihr's gut,
So geht mit mir und diesem heil'gen Mann,
In die Kapelle neben an, und dort,
Vor ihm und unter dem geweihten Dach,
Verbürget feyerlich mir eure Treu,
Daß mein ungläub'ges, allzubanges Herz
Zur Ruh gelangen mag. Er solls verbergen,
Bis ihr gesonnen seyd, es kund zu machen,
Und um die Zeit soll meinem Stand gemäß
Die Feyer unsrer Hochzeit seyn. — Was sagt ihr?

Sebastian.

Ich geh mit euch und diesem guten Alten,
Will Treue schwören und sie ewig halten.

Olivia.

So führ' uns, Vater! — Mag des Himmels Schein
Zu dieser That uns freundlich Segen leihn!

Alle ab.

Fünfter Aufzug.

Erste Szene.
Vor Olivia's Hause.

Der Narr und Fabio.

Fabio.
Wenn du mich lieb hast, laß mich seinen Brief sehen.

Narr.
Lieber Herr Fabio, thut mir dafür einen andern Gefallen.

Fabio.
Was du willst.

Narr.
Verlangt nicht diesen Brief zu sehn.

Fabio.

Das heißt, du schenkst mir einen Hund, und foderst nachher zur Belohnung den Hund wieder.

Der Herzog, Viola und Gefolge treten auf.

Herzog.

Gehört ihr dem Fräulein Olivia an, Freunde?

Narr.

Ja, Herr, wir sind ein Theil ihres Hausrathes.

Herzog.

Ich kenne dich sehr wohl: wie gehts dir, guter Bursch?

Narr.

Aufrichtig, Herr, je mehr Feinde, desto besser; je mehr Freunde, desto schlimmer.

Herzog.

Grade umgekehrt: je mehr Freunde, desto besser.

Narr.

Nein, Herr, desto schlimmer.

Herzog.

Wie ginge das zu?

Narr.

Ey, Herr, sie loben mich und machen einen Esel aus mir; meine Feinde hingegen sagen mir grade heraus, daß ich ein Esel bin: also nehme ich durch meine Feinde in der Selbsterkenntniß zu, und durch meine Freunde werde ich hintergangen. Also,

Schlüsse wie Küsse betrachtet, wenn vier Vernei-
nungen zwey Bejahungen ausmachen: je mehr
Freunde, desto schlimmer, und je mehr Feinde, desto besser.

Herzog.

Ey, das ist vortrefflich.

Narr.

Nein, Herr, wahrhaftig nicht; ob es euch gleich gefällt, einer von meinen Freunden zu seyn.

Herzog.

Du sollst aber meinetwegen doch nicht schlimmer
dran seyn: da hast du Gold.

Narr.

Wenn ihr kein Doppler dadurch würdet, Herr, so
wollte ich, ihr könntet noch ein Stück daraus machen.

Herzog.

O, ihr gebt mir einen schlechten Rath.

Narr.

Steckt eure Gnade für dießmal noch in die Tasche,
und laßt euer Fleisch und Blut ihr gehorchen.

Herzog.

Gut, ich will mich einmal versündigen, und ein
Doppler seyn: da hast du noch ein Stück.

Narr.

Zum ersten, zum zweyten, zum dritten, dann wird
erst zugeschlagen; wie das alte Sprichwort sagt,
sind aller guten Dinge drey; der Dreyachteltakt,

Herr, ist ein guter lustiger Takt; die Betglocke
kanns euch zu Gemüthe führen, sie sagt immer:
eins, zwey, drey.

Herzog.
Ihr könnt auf diesen Wurf nicht mehr Geld aus
mir herausnarriren. Wollt ihr euerm Fräulein
melden, daß ich sie zu sprechen wünsche, und machen daß sie hieherkommt, so möchte das vielleicht
meine Freygebigkeit wieder aufwecken.

Narr.
Nun, Herr, eyapopeya eurer Freygebigkeit, bis ich
zurückkomme! Ich gehe, Herr, aber ihr müßt ja
nicht denken, mein Verlangen zu haben sey Ge-
winnsucht. Doch, wie ihr sagt, laßt eure Freygebigkeit nur ein wenig einnicken; ich will sie gleich
wieder aufwecken. *ab.*

Antonio und Gerichtsdiener kommen.

Viola.
Hier kommt der Mann, der mich gerettet, Herr.

Herzog.
Auf dieß Gesicht besinn' ich mich gar wohl;
Doch als ich es zuletzt sah, war es schwarz
Vom Dampf des Krieges, wie Vulkan, besudelt.
Er war der Hauptmann eines winz'gen Schiffs,
Nach Größ' und flachem Bau von keinem Werth,
Womit er sich so furchtbar handgemein

Mit unsrer Flotte stärksten Segeln machte,
Daß selbst der Neid und des Verlustes Stimme
Preis über ihm und Ehre rief. — Was giebts?

Erster Gerichtsdiener.

Orsino, dieß ist der Antonio,
Der euch den Phönix nahm und seine Ladung;
Dieß ist er, der den Tiger enterte,
Wo euer junger Neff' ein Bein verlohr.
Hier in den Straßen ward er, frech und tollkühn,
Auf einer Schlägerey von uns ertappt.

Viola.

Er that mir Dienste, Herr, focht mir zum Schutz,
Doch hielt zuletzt mir wunderliche Reden;
Ich weiß nicht, was es sonst als Wahnwitz war.

Herzog.

Berüchtigter Pirat! Du See-Spitzbube!
Welch toller Muth gab dich in deren Hand,
Die mit so blut'gem, theuerm Handel du
Zu Feinden dir gemacht?

Antonio.

                Orsino, edler Herr,
Erlaubt mir, diese Nahmen abzuschütteln.
Antonio war noch nie Pirat noch Dieb,
Obschon, ich geb' es zu, mit gutem Grund
Orsino's Feind. Ein Zauber zog mich her;
Den aller-undankbarsten Knaben dort
Entriß ich dem ergrimmten, schäum'gen Rachen

Der wüsten See; er war des Todes Raub:
Ich gab sein Leben ihm, gab überdieß
Ihm meine Liebe, ohne Gränz' und Rückhalt,
Sein, gänzlich hingegeben; seinetwillen
Wagt' ich hieher mich, einzig ihm zu Liebe,
In die Gefahren dieser Feindes-Stadt,
Und focht für ihn, da man ihn angefallen.
Als ich dabey verhaftet ward, so lehrte
Ihn seine falsche List (denn die Gefahr
Mit mir zu theilen war er nicht gewillt)
Mir die Bekanntschaft ins Gesicht zu weigern;
Er wurde mir auf zwanzig Jahr' entfremdet
In einem Umsehn; läugnete sogar
Mir meinen Beutel ab, den zum Gebrauch
Kaum vor der halben Stund' ich ihm gelassen.

Viola.
Wie kann dieß seyn?

Herzog.
Wann kam er in die Stadt?

Antonio.
Erst heute, und drey Monden lang vorher
Sind wir beysammen Tag und Nacht gewesen,
Auch nicht einmal Minuten lang getrennt.

Olivia kommt mit Gefolge.

Herzog.
Die Gräfin kommt, der Himmel geht auf Erden. —

Du aber, Mensch, Mensch, deine Red' ist Wahn
sinn:
Drey Monden dient mir dieser junge Mann.
Doch mehr hievon nachher. — Führt ihn beyseit.
    Olivia.
Was wünscht mein Fürst, bis auf das ihm Versagte,
Worin Olivia kann gefällig seyn? —
Cesario, ihr haltet mir nicht Wort.
    Viola.
Mein Fräulein —
    Herzog.
      Reizende Olivia —
    Olivia.
Cesario, was sagt ihr? — Gnäd'ger Herr —
    Viola.
Mein Herr will reden, Ehrfurcht heißt mich schwei-
gen.
    Olivia.
Wenn's nach der alten Leyer ist, mein Fürst,
So ist es meinem Ohr so widerwärtig,
Wie Heulen nach Musik.
    Herzog.
      Noch immer grausam?
    Olivia.
Noch immer standhaft, gnäd'ger Herr.
    Herzog.
In der Verkehrtheit? wie? Unholde Schöne,

An deren nimmer segnenden Altären
Mein Herz die treusten Opfer ausgehaucht,
So je die Andacht darbot! — Was soll ich thun?
Olivia.
Ganz nach Gefallen, was Eu'r Gnaden ansteht.
Herzog.
Weswegen sollt' ich nicht, litt' es mein Herz,
Wie der Egypt'sche Dieb in Todesnoth,
Mein liebstes tödten: wilde Eifersucht,
Die oft ans Edle gränzt? Doch höret dieß;
Weil ihr denn meine Treue gar nichts achtet,
Und ich so ziemlich doch das Werkzeug kenne,
Das meinen Platz in eurer Gunst mir sperrt,
So lebt nur, marmorbusige Tyrannin!
Doch diesen euern Günstling, den ihr liebt,
Den ich, beym Himmel, lieb und theuer halte,
Ihn will ich aus dem stolzen Auge reißen,
Wo hoch er thronet, seinem Herrn zum Trotz. —
Komm, Junge! Mein Entschluß ist reif zum Un-
heil.
Ich will mein zartgeliebtes Lamm entseelen,
Um einer Taube Rabenherz zu quälen.
will abgehn.

Viola.
Und ich, bereit, mit frohem, will'gem Sinn,
Gäb', euch zum Trost, mich tausend Toden hin.
will ihm folgen.

Olivia.

Wo will Cesario hin?

Viola.

Ihm folg' ich nach, dem ich mich ganz ergeben,
Der mehr mir ist als Augenlicht, als Leben;
Ja mehr, um alles was man mehr nur nennt,
Als dieses Herz je für ein Weib entbrennt.
Und red' ich falsch, ihr hohen Himmelsmächte,
An meinem Leben rächt der Liebe Rechte!

Olivia.

Weh mir! entsetzlich! wie getäuscht bin ich?

Viola.

Wer täuscht euch denn? wer thut euch einen Hohn?

Olivia

Vergiß'st du selbst dich? Ists so lange schon? —
Ruft doch den Priester her.

Einer von ihren Leuten ab.

Herzog.

Komm! fort mit mir!

Olivia.

Wohin? — Gemahl! Cesario, bleib hier!

Herzog.

Gemahl?

Olivia.

Ja, mein Gemahl. — Kannst du es läugnen?
Sprich!

Herzog.

Du ihr Gemahl?

Viola.
Nein, gnäd'ger Herr, nicht ich.
Olivia.
Ach es ist nur die Knechtschaft deiner Furcht,
Was dich dein Eigenthum erwürgen heißt.
Cesario, fürchte nichts, ergreif dein Glück,
Sey, was du weißt du seyst es, und dann bist du
So groß als was du fürchtest. —
Der Bediente kommt mit dem Priester zurück.
O willkommen,
Ehrwürd'ger Vater! Ich beschwöre dich
Bey deinem heil'gen Amt, hier zu bezeugen,
(Wiewohl vor kurzem wir die Absicht hatten
In Nacht zu hüllen, was der Anlaß nun,
Noch eh' es reif, ans Licht zieht) was du weißt,
Daß ich und dieser Jüngling jetzt vollbracht.
Priester.
Ein Bündniß ewigen Vereins der Liebe,
Bestätigt durch in eins gefügte Hände,
Bezeugt durch eurer Lippen heil'gen Druck,
Bekräftigt durch den Wechsel eurer Ringe;
Und alle Fey'rlichkeiten des Vertrags
Versiegelt durch mein Amt, mit meinem Zeugniß.
Seitdem, sagt mir die Uhr, hab' ich zum Grabe
Zwey Stunden nur gewallet.
Herzog.
O heuchlerische Brut! was wirst du seyn,

Wann erst die Zeit den Kopf dir grau besä't?
Wo nicht so hoch sich deine List erhebt,
Daß sie dir selber eine Falle gräbt.
Leb wohl und nimm sie: aber geh auf Wegen,
Wo wir einander nie begegnen mögen.
Viola.
Ich schwöre, gnäd'ger Herr —
Olivia.
O keinen Schwur!
Bey so viel Furcht, heg' etwas Treu doch nur!

Junker Christoph kommt mit einem blutigen Kopfe.

Junker Christoph.
Um Gottes Barmherzigkeit willen, einen Feld-
scherer!
Und schickt gleich einen zum Junker Tobias!
Olivia.
Was giebts?
Junker Christoph.
Er hat mir ein Loch in den Kopf geschlagen, und
Junker Tobias hat auch eine blutige Krone weg.
Um Gottes Barmherzigkeit willen, helft! Ich woll-
te hundert Thaler drum geben, daß ich zu Hause
wäre.
Olivia.
Wer hat es gethan, Junker Christoph?
Junker Christoph.
Des Grafen Kavalier, Cesario heißt er. Wir

glaubten er wäre 'ne Memme, aber er ist der eingefleischte Teufel selbst.

Herzog.
Mein Kavalier, Cesario?

Junker Christoph.
Potz blitz, da ist er! — Ihr habt mir um nichts und wieder nichts ein Loch in den Kopf geschlagen, und was ich gethan habe, dazu hat mich Junker Tobias angestiftet.

Viola.
Was wollt ihr mir? Ich that euch nichts zu Leid. Ihr zogt ohn' Ursach gegen mich den Degen, ich gab euch gute Wort' und that euch nichts.

Junker Christoph.
Wenn eine blutige Krone was leides ist, so habt ihr mir was zu Leide gethan. Ich denke, es kommt nichts einer blutigen Krone bey.

Junker Tobias kommt, betrunken und von dem Narren geführt.

Da kommt Junker Tobias angehinkt, ihr sollt noch mehr zu hören kriegen. Wenn er nicht was im Kopfe gehabt hätte, so sollte er euch wohl auf 'ne andre Manier haben tanzen lassen.

Herzog.
Nun, Junker, wie stehts mit euch?

Junker Tobias.
Es ist all eins: er hat mich verwundet und damit

gut. — Schöps, hast du Görgen den Feldscherer
gesehn, Schöps?

Narr.

O der ist betrunken, Junker Tobias, schon über
eine Stunde; seine Augen waren früh um acht
schon untergegangen.

Junker Tobias.

So ist er ein Schlingel und eine Schlafmütze.
Nichts abscheulicher als so 'n betrunkner Schlingel.

Olivia.

Fort mit ihm! Wer hat sie so übel zugerichtet?

Junker Christoph.

Ich will euch helfen, Junker Tobias, wir wollen
uns zusammen verbinden lassen.

Junker Tobias.

Wollt ihr helfen? — Ein Eselskopf, ein Hasenfuß
und ein Schuft! ein lederner Schuft! ein Pinsel!

Olivia.

Bringt ihn zu Bett und sorgt für seine Wunde.

Der Narr, Junker Tobias und Junker Christoph ab.

Sebastian kommt.

Sebastian.

Es thut mir leid um euers Vetters Wunde,
Doch wär's der Bruder meines Bluts gewesen,
Ich konnte nicht mit Sicherheit umhin.

Ihr blicket fremd mich an, mein Fräulein, und
Daran bemerk' ich, daß es euch beleidigt.
Verzeiht mir, Holde, jener Schwüre wegen,
Die wir einander eben nur gethan.

Herzog.

Gesicht, Ton, Kleidung eins, doch zwey Personen;
Ein wahrer Gaukelschein, der ist und nicht ist.

Sebastian.

Antonio! O mein theuerster Antonio!
Wie haben nicht die Stunden mich gefoltert
Seitdem ich euch verlohr!

Antonio.

Seyd ihr Sebastian?

Sebastian.

Wie? zweifelst du daran, Antonio?

Antonio.

Wie habt ihr denn euch von euch selbst getrennt?
Ein Ey ist ja dem andern nicht so gleich
Als diese zwey Geschöpfe. Wer von beyden
Ist nun Sebastian?

Olivia.

Höchst wunderbar!

Sebastian.

Steh' ich auch dort? Nie hatt' ich einen Bruder,
Noch trag' ich solche Göttlichkeit in mir,
Daß von mir gölte: hier und überall.
Ich hatte eine Schwester, doch sie ist

Von blinden Wellen auf der See verschlungen.
>Za Viola.

Um Gottes willen, seyd ihr mir verwandt?
Aus welchem Land? Weß Nahmens? Weß Ge-
schlechts?
> Viola.

Von Metelin; Sebastian war mein Vater.
Solch ein Sebastian war mein Bruder auch.
Den Anzug nahm er in sein feuchtes Grab,
Und kann ein Geist Gestalt und Tracht erborgen,
So kommt ihr, uns zu schrecken.
> Sebastian.

Ja, ich bin ein Geist,
Doch in den Körper fleischlich noch gehüllt,
Der von der Mutter Schooß mir angehört.
Wärt ihr ein Weib, da alles andre zutrifft,
Ich ließ' auf eure Wangen Thränen fallen,
Und spräch': Viola, sey Ertrunkne mir willkommen!
> Viola.

Mein Vater hatt' ein Mahl auf seiner Stirn.
> Sebastian.

Das hatt' auch meiner.
> Viola.

Und starb den Tag, als dreyzehn Jahr Viola
Seit der Geburt gezählt.
> Sebastian.

O, die Erinnrung lebt in meiner Seele!

Ja, er verließ die Sterblichkeit den Tag,
Der meiner Schwester drenzehn Jahre gab.

####### Viola.

Steht nichts im Weg, uns beyde zu beglücken,
Als diese angenommne Männertracht,
Umarmt mich dennoch nicht, bis jeder Umstand
Von Lage, Zeit und Ort sich fügt und trifft,
Daß ich Viola bin; dieß zu bestärken,
Führ' ich euch hin zu einem Schiffspatron
Am Ort hier, wo mein Mädchen-Anzug liegt.
Durch seine gütge Hülf errettet, kam
Ich in die Dienste dieses edlen Grafen;
Und was seitdem sich mit mir zugetragen,
War zwischen dieser Dam' und diesem Herrn.

####### Sebastian.

So kam es, Fräulein, daß ihr euch geirrt,
Doch die Natur folgt' ihrem Zug hierin.
Ihr wolltet einer Jungfrau euch verbinden,
Und seyd darin, beym Himmel! nicht betrogen:
Jungfräulich ist der euch vermählte Mann.

####### Herzog.

Seyd nicht bestürzt! Er stammt aus edlem Blut. —
Wenn dieß so ist, und noch scheint alles wahr,
So hab' ich Theil an diesem frohen Schiffbruch.

####### Zu Viola.

Du hast mir, Junge, tausendmal gesagt,
Du würd'st ein Weib nie lieben, so wie mich.

####### Viola.

Viola.
Und all die Worte will ich gern beschwören,
Und all die Schwüre treu im Herzen halten,
Wie die gewölbte Veste dort das Licht,
Das Tag' und Nächte scheidet.
Herzog.
Gieb mir deine Hand,
Und laß mich dich in Mädchenkleidern sehn.
Viola.
Der Schiffspatron, der hier an Land mich brachte,
Bewahrt sie; er ist wegen eines Handels
Jezt in Verhaft, auf Foderung Malvolio's,
Der einen Ehrendienst beym Fräulein hat.
Olivia.
Er soll ihn gleich in Freyheit setzen:—ruft
Malvolio her. — Ach, nun erinnr' ich mich,
Der arme Mann soll ganz von Sinnen seyn:

Der Narr kommt zurück mit einem Briefe.

Ein höchst zerstreu'nder Wahnsinn in mir selbst
Verbannte seinen ganz aus meinem Geist. —
Was macht er, Bursch?
Narr.
Wahrhaftig, gnädiges Fräulein, er hält sich den
Belzebub so gut vom Leibe, als ein Mensch in sei-
nen Umständen nur irgend kann. Er hat euch da
einen Brief geschrieben, ich hätte ihn schon heute
Morgen übergeben sollen; aber Briefe von Tollen

sind kein Evangelium, also kommt nicht viel darauf an, wann sie bestellt werden.

Olivia.

Mach' ihn auf und lies.

Narr.

Nun erbaut euch recht, wenn der Narr den Tollen
vorträgt. — «Bey Gott, Fräulein!» —

Olivia.

Was ist dir? bist du toll?

Narr.

Nein, Fräulein, ich lese nur Tollheit. Wenn Euer
Gnaden beliebt, daß ich es gehörig machen soll, so
muß meine Stimme freyen Lauf haben.

Olivia.

Sey so gut und lies bey gesundem Verstande.

Narr.

Das thu' ich, Madonna; aber um seinen gesunden
Verstand zu lesen, muß man so lesen. Also erwägt, meine Prinzessin, und merkt auf!

Olivia.

Lest ihr es, Fabio.

Fabio liest.

«Bey Gott, Fräulein, ihr thut mir Unrecht, und
«die Welt soll es wissen. Habt ihr mich schon in
«ein dunkles Loch gesperrt, und euerm betrunknen
«Vetter Aufsicht über mich gegeben, so habe ich
«doch den Gebrauch meiner Sinne eben so gut als

«Euer Gnaden. Ich habe euern eignen Brief, der
«mich zu dem angenommenen Betragen bewogen
«hat, und bin gewiß, daß ich mich damit rechtfer-
«tigen und euch beschämen kann. Denkt von mir,
«wie ihr wollt. Ich stelle meine Ehrerbietung auf
«einen Augenblick bey Seite, und rede nach der zu-
«gefügten Beleidigung.

«Der toll-behandelte
«Malvolio.»

Olivia.

Hat er das geschrieben?

Narr.

Ja, Fräulein.

Herzog.

Das schmeckt nicht sehr nach Verrücktheit.

Olivia.

Setz' ihn in Freyheit, Fabio, bring ihn her. —

Fabio ab.

Mein Fürst, beliebts euch, nach erwogner Sache
Als Schwester mich statt Gattin anzusehn,
So krön' Ein Tag den Bund, wenn's euch beliebt,
In meinem Hause, und auf meine Kosten.

Herzog.

Eu'r Antrag, Fräulein, ist mir höchst willkommen. —

Zu Viola.

Eu'r Herr entläßt euch: für die gethanen Dienste,
Ganz streitend mit der Schüchternheit des Weibes,

Tief unter der gewohnten zarten Pflege,
Und weil ihr mich so lange Herr genannt,
Nehmt meine Hand hier und von jetzo an
Seyd euers Herrn Herr.

Olivia.

Schwester? — Ja, ihr seyds.

Fabio kommt mit Malvolio zurück.

Herzog.

Ist der da der Verrückte?

Olivia.

Ja, mein Fürst.

Wie stehts, Malvolio?

Malvolio.

Fräulein, ihr habt mir Unrecht angethan,
Groß Unrecht.

Olivia.

Hab' ich das, Malvolio? Nein.

Malvolio.

Ihr habt es, Fräulein; lest nur diesen Brief.
Ihr dürft nicht läugnen, dies ist eure Hand;
Schreibt anders, wenn ihr könnt, in Styl und
Zügen,
Sagt, Siegel und Erfindung sey nicht euer.
Ihr könnt es nicht: wohlan, gesteht es denn,
Und sagt mir um der Sitt' und Ehre willen,
Was gebt ihr mir so klare Gunstbeweise,
Empfehlt mir, lächelnd vor euch zu erscheinen,

Die Gürtel kreuzweis und in gelben Strümpfen,
Und gegen euern Vetter stolz zu thun
Und das gering're Volk; und da ich dieß
In unterthän'ger Hoffnung ausgeführt:
Weswegen ließt ihr mich gefangen setzen,
Ins Dunkle sperren, schicktet mir den Priester,
Und machtet mich zum ärgsten Narren und Gecken,
An dem der Witz sich jemals übte? Sagt!
    Olivia.
Ach, guter Freund! dies ist nicht meine Hand,
Obschon, ich muß gestehn, die Züg' ihr gleichen;
Doch ohne Zweifel ists Maria's Hand.
Und nun besinn' ich mich, sie sagte mir
Zuerst, du seyst verrückt; dann kamst du lächelnd,
Und in dem Anzug, den man in dem Brief
An dir gerühmt. Ich bitte dich, sey ruhig!
Es ist dir ein durchtriebner Streich gespielt,
Doch kennen wir davon die Thäter erst,
So sollst du beydes, Kläger seyn und Richter
In eigner Sache.
    Fabio.
     Hört mich, werthes Fräulein,
Und laßt kein Hadern, keinen künft'gen Zank
Den Glanz der gegenwärt'gen Stunde trüben,
Worüber ich erstaunt. In dieser Hoffnung
Bekenn' ich frey, ich und Tobias haben
Dies gegen den Malvolio ausgedacht,

Für seinen Trotz und ungeschliffnes Wesen,
Das uns von ihm verdroß. Maria schrieb
Den Brief auf starkes Dringen unsers Junkers,
Zum Dank wofür er sie zur Frau genommen.
Wie wir's mit lust'ger Bosheit durchgesetzt,
Ist mehr des Lachens als der Rache werth,
Erwägt man die Beleidigungen recht,
Die beyderseits geschehn.

Olivia.

Ach, armer Schelm, wie hat man dich geneckt!

Narr.

Ja «Einige werden hochgebohren, Einige er-
«werben Hoheit, und Einigen wird sie zugewor-
«fen.» — Ich war auch eine Person in diesem
Possenspiele, mein Herr; ein gewisser Ehrn Matthias, mein Herr; aber das kommt auf eins heraus. — »Beym Himmel, Narr, ich bin nicht
»toll.« — Aber erinnert ihr euch noch? »Gnä-
»diges Fräulein, warum lacht ihr über solch einen
»ungesalznen Schuft? Wenn ihr nicht lacht, so
»ist ihm der Mund zugenäht.« — Und so bringt
das Dreherchen der Zeit seine gerechte Vergeltung
herbey.

Malvolio.

Ich räche mich an eurer ganzen Rotte.

ab.

Olivia.
Man hat ihm doch entsetzlich mitgespielt.
Herzog.
Geht, hohlt ihn ein, bewegt ihn zur Versöhnung. —
Er muß uns von dem Schiffspatron noch sagen.
Wenn wir das wissen und die goldne Zeit
Uns einladt, soll ein feyerlicher Bund
Der Seelen seyn. — Indessen, werthes Fräulein,
Verlassen wir euch nicht. Cesario, kommt!
Das sollt ihr seyn, so lang' ihr Mann noch seyd,
Doch wenn man euch in andern Kleidern schaut,
Orsino's Herrin, seiner Liebe Braut.

Alle ab.

Narr singt.

Und als ich ein winzig Bübchen war,
   Hop heisa, bey Regen und Wind!
Da machten zwey nur eben ein Paar;
   Denn der Regen, der regnet jeglichen Tag.

Und als ich vertreten die Kinderschuh,
   Hop heisa, bey Regen und Wind!
Da schloß man vor Dieben die Häuser zu;
   Denn der Regen, der regnet jeglichen Tag.

Und als ich, ach! ein Weib thät freyn,
   Hop heisa, bey Regen und Wind!
Da wollte mir Müßiggehn nicht gedeihn;
   Denn der Regen, der regnet jeglichen Tag.

Und als der Wein mir steckt' im Kopf,
  Hop heisa, bey Regen und Wind!
Da war ich ein armer betrunkner Tropf;
  Denn der Regen, der regnet jeglichen Tag.

Die Welt steht schon eine hübsche Weil',
  Hop heisa, bey Regen und Wind!
Doch das Stück ist nun aus, und ich wünsch' euch viel
                                                Heil;
  Und daß es euch künftig so gefallen mag.

www.ingramcontent.com/pod-product-compliance
Lightning Source LLC
Chambersburg PA
CBHW022054230426
43672CB00008B/1168